AF642197

MALLIKA CHOPRA

Vorwort von Deepak Chopra • Illustrationen von Brenna Vaughan

Atme dich glücklich

Einfache Übungen, die dir helfen, entspannter zu werden, dir weniger Sorgen zu machen und dein Selbstvertrauen zu stärken

riva

Bibliografische Information der Deutschen Nationalbibliothek
Die Deutsche Nationalbibliothek verzeichnet diese Publikation in der Deutschen Nationalbibliografie.
Detaillierte bibliografische Daten sind im Internet über http://d-nb.de abrufbar.

Für Fragen und Anregungen
info@rivaverlag.de

Wichtige Hinweise
Dieses Buch ist für Lernzwecke gedacht. Es stellt keinen Ersatz für eine individuelle medizinische Beratung dar und sollte auch nicht als solcher benutzt werden. Wenn Sie medizinischen Rat einholen wollen, konsultieren Sie bitte einen qualifizierten Arzt. Der Verlag und die Autorin haften für keine nachteiligen Auswirkungen, die in einem direkten oder indirekten Zusammenhang mit den Informationen stehen, die in diesem Buch enthalten sind.

Ausschließlich zum Zweck der besseren Lesbarkeit wurde auf eine genderspezifische Schreibweise sowie eine Mehrfachbezeichnung verzichtet. Alle personenbezogenen Bezeichnungen sind somit geschlechtsneutral zu verstehen.

1. Auflage 2022
© 2022 by riva Verlag, ein Imprint der Münchner Verlagsgruppe GmbH
Türkenstraße 89
80799 München
Tel.: 089 651285-0
Fax: 089 652096

Die englischsprachige Originalausgabe erschien 2018 bei Running Press Kids, einem Imprint von Perseus Books, LLC, ein Tochterunternehmen der Hachette Book Group, unter dem Titel *Just Breathe: Meditation, Mindfulness, Movement, and More.* © 2018 by Mallika Chopra, Illustrationen © 2018 by Brenna Vaughan. All rights reserved.

Alle Rechte, insbesondere das Recht der Vervielfältigung und Verbreitung sowie der Übersetzung, vorbehalten. Kein Teil des Werkes darf in irgendeiner Form (durch Fotokopie, Mikrofilm oder ein anderes Verfahren) ohne schriftliche Genehmigung des Verlages reproduziert oder unter Verwendung elektronischer Systeme gespeichert, verarbeitet, vervielfältigt oder verbreitet werden.

Übersetzung: Nadine Lipp
Redaktion: Ulrike Reinen
Umschlaggestaltung: Sonja Vallant (nach dem Original von Frances J. Soo Ping Chow)
Layout und Satz: Müjde Puzziferri, MP Medien, München
Druck: Florjančič Tisk d.o.o., Slowenien
Printed in the EU

ISBN Print 978-3-7423-2043-8
ISBN E-Book (PDF) 978-3-7453-1801-2
ISBN E-Book (EPUB, Mobi) 978-3-7453-1800-5

Wir produzieren nachhaltig
www.m-vg.de

Weitere Informationen zum Verlag finden Sie unter
www.rivaverlag.de
Beachten Sie auch unsere weiteren Verlage unter www.m-vg.de

FÜR TARA UND LEELA,

meine Liebsten, mein Leben,
meine Lehrerinnen.

EURE MOM

INHALT

»Was für ein großer Spaß, dieses Buch zusammen mit meinen Kindern zu lesen und gemeinsam achtsam und zufriedener zu sein!«
Jennifer Garner, Schauspielerin

»*Atme dich glücklich* ist ein Geschenk für die ganze Familie. Mit lustigen Illustrationen und einfachen Übungsschritten bestärkt es Kinder, Selbstkontrolle zu lernen, sich mit anderen zu verbinden und das Leben sowohl ruhig als auch mit einer Portion Spaß anzugehen.«
Dr. Shefali Tsabary, Psychologin und Autorin
des *New-York-Times*-Bestsellers *The Conscious Parent*

»*Atme dich glücklich* ist ein Buch, von dem ich wünschte, es hätte mich beim Heranwachsen begleitet.«
Tara Stiles, Gründerin von Strala Yoga

»Chopra zeigt klar und direkt, wie gut es sich anfühlt, weniger ängstlich zu sein, gesünder zu leben sowie ein ausgeglichenes Leben zu führen. Bereits in jungen Jahren mit Meditation zu beginnen ist eine lebenslange Garantie für ein gesundes, friedvolles und blühendes Leben.«
Dr. Lisa Miller, Autorin des Buches
Die spirituelle Intelligenz unserer Kinder, Professorin und Gründerin, Spirituality and Mind-Body Institute, Columbia University, Teachers College

»*Atme dich glücklich* hilft Kindern, ihre innere Stärke zu finden, um ihre Beziehung zu Freunden und Familie zu verbessern, um gesünder und glücklicher zu leben und erfolgreicher zu sein in dem, was sie erreichen wollen.«
Tim Ryan, Abgeordneter

»Dieses wunderbare Buch ist ein richtiger Schatz für Kinder aller Altersgruppen … Es ist eine sehr hübsche und erfreuliche Annäherung an die Meditationspraxis!«
Rev. Joan Jiko Halifax, Abbot, Upaya Zen Center

»Ein reizendes und gewinnendes Buch über die wichtigen Kompetenzen im Leben, das die Kinder und Jugendlichen direkt anspricht, ohne den Umweg über Lehrkräfte oder Eltern zu machen. Mallika Chopras neues Buch ist ein Must-have für das Kinderbuchregal!«
Susan Kaiser Greenland, Autorin der Bücher
Mindful Games und *The Mindful Child*

VORWORT

Liebe Kinder,

dieses Buch hat meine Tochter Mallika geschrieben, die mit neun Jahren gelernt hat zu meditieren.

Wenn ihr älter werdet, spürt ihr vielleicht eine innere Unruhe. Das liegt daran, dass sich euer Körper so schnell verändert. Die Teenagerjahre gehören zu den wichtigsten Jahren, die euch auf das Erwachsensein und euer zukünftiges Leben vorbereiten. Dieses Buch wird euch helfen, diese quirligen Zeiten gut zu überstehen. Ihr lernt, mit Überforderungen umzugehen, zu einer besseren Selbstkontrolle zu gelangen und euch insgesamt glücklicher und ausgeglichener zu fühlen.

Aber zunächst einmal zu der Frage, warum es uns guttut, uns mit Meditations-, Achtsamkeits-, Atmungs- und Bewegungsübungen zu beschäftigen. Es sind alte Weisheiten und einfache Techniken, die seit Jahrtausenden auf der ganzen Welt zur Stärkung des inneren Selbst überliefert werden – denn wir sind alle mehr als nur Körper und Geist. Über den Körper und den Geist nehmen wir Informationen über die Welt um uns herum auf, aber über unser inneres Selbst können wir unseren Körper kontrollieren und entscheiden, wie wir das, was wir sehen, sowie unsere Erfahrungen interpretieren. Unser inneres Selbst stützt sich dabei auf innere Kräfte wie Intuition, Einsicht, Vorstellungskraft, Kreativität und Absicht; sie sind die Eigenschaften unserer Seele.

Es gibt nichts Wichtigeres für den Menschen, als sich selbst zu kennen und zu lieben. Wenn ihr das könnt, habt ihr ein weniger chaotisches und stressiges Leben. Ihr könnt dann enge Freundschaften und Beziehungen eingehen und eure Träume verwirklichen. Die Welt, in der wir leben, ist voller Möglichkeiten. Wenn ihr aber die Nachrichten guckt oder hört, wie eure Eltern und Lehrer über aktuelle Politik- und Lebensthemen reden, stellt ihr fest, dass unsere Welt auch verwirrend, chaotisch und selbstzerstörerisch sein kann. Ihr aber seid die Hoffnung für die Zukunft. Wenn ihr fröhlich seid, wird die Welt fröhlich sein. Wenn ihr Frieden in euch findet, wird die Welt in Frieden leben. Wenn ihr Liebe erfahrt und schenkt, wird die Welt liebevoll sein. Ihr werdet die Vorbilder für die Menschen um euch herum sein.

Lest die leicht verständlichen Übungsschritte – ihr müsst sie nicht auf Anhieb »richtig« umsetzen. Folgt einfach den Anleitungen und habt Spaß dabei.

Deepak Chopra

Mein Vater, mein Bruder und ich

Meine Mutter, Tara und Leela

Mein Neffe Krishan beim Meditieren

Mein Vater und ich

Meine Mädchen und ich

Yoda, unser Hund

Meine Familie

HERZLICH WILLKOMMEN!

Hast du einen Ort, an dem du dich rundum wohl, sicher, glücklich und ruhig fühlst?

Es kann eine versteckte Ecke bei dir zu Hause sein, die sonst niemand kennt, oder ein Ort im Freien, an dem du unbesorgt laufen, springen und lachen kannst.

Vielleicht ist es aber gar kein wirklicher Ort, sondern die Zeit, die du mit einer Freundin, Geschwistern oder Eltern verbringst. Vielleicht sind es auch die Momente, in denen du mit deiner Schwester plauderst, bevor ihr beide einschlaft, oder wenn du mit einem Freund spielst und die Zeit wie im Flug vergeht.

Es können aber auch die Zeiten sein, in denen du allein bist und liest, malst oder tagträumst – Momente, in denen du dich körperlich und geistig ausgeruht fühlst, in denen du nicht über die Vergangenheit nachdenkst oder dir Sorgen um die Zukunft machst.

Vielleicht denkst du, dass du einen solchen Ort gar nicht hast, und fragst dich, ob du ihn überhaupt brauchst.

Wissenschaftliche Studien haben gezeigt, dass Körper und Gehirn gesünder sind, wenn Menschen einen solchen Ort der inneren Ruhe haben; sie fühlen sich dann rundum besser. Vielen Menschen hilft es auch, sich diesen inneren Frieden zu vergegenwärtigen; sie machen sich dann weniger Sorgen und gehen besser mit schwierigen Situationen um.

Dieses Buch soll dir dabei helfen, einen sicheren, glücklichen und ruhigen Anker in dir selbst zu finden, und es soll dich dabei unterstützen, ihn immer dann zu nutzen, wenn du ihn brauchst.

Wer ich bin und warum ich dieses Buch geschrieben habe

Mein Name ist Mallika. Ich habe zwei Töchter namens Tara und Leela. Während ich dieses Buch schreibe, sind sie fünfzehn und zwölf Jahre alt. Alles, was ich auf den nächsten Seiten beschreibe, beruht auf unseren persönlichen Erfahrungen.

Als ich neun Jahre alt war, haben meine Eltern meinem jüngeren Bruder und mir beigebracht, wie man meditiert. Ich werde später noch genauer erklären, was Meditation bedeutet, an dieser Stelle soll erst mal eine kurze Zusammenfassung genügen: Meditation ist eine Möglichkeit, den Geist zu beruhigen, sich dadurch weniger angespannt zu fühlen und zu einer besseren Selbstkontrolle zu gelangen. Darüber hinaus wird es in diesem Buch auch um andere Techniken gehen, die mir und meinen Töchtern geholfen haben, besser mit Stress umzugehen, besser zu schlafen, unsere Freundschaften zu pflegen und selbstbewusst zu sagen, was wir wollen.

Ich bin sehr dankbar für die Weisheit, die in diesen Geistes- und Körperübungen steckt, und dass meine Eltern sie an mich weitergegeben haben. Ich wiederum kann sie an meine Kinder, ihre Freunde, deren Eltern und andere Interessierte weitergeben. Und ich hoffe, auch du wirst sie hilfreich finden und deine Erfahrungen mit Menschen teilen, die dir nahestehen. Vielleicht stellst du sogar fest, dass du anderen damit auf unerwartete Weise helfen kannst.

Worum geht es?

Die vier wichtigsten Techniken, die uns helfen, uns besser zu fühlen, heißen Meditation, Achtsamkeit, Yoga und Motivation.

Vielleicht hast du diese Begriffe bereits in deinem Umfeld aufgeschnappt, weißt aber nicht genau, was sie bedeuten. Ich fasse sie kurz zusammen:

- Meditation hilft dir, zur Ruhe zu kommen.
- Durch Achtsamkeit kannst du deinen Körper, deine Gedanken und deine Umgebung bewusster wahrnehmen.
- Beim Yoga bewegst du deinen Körper, um Verspannungen zu lösen, zu atmen, locker zu werden und Energie zu tanken.

- Motivation bedeutet hier, dass du dich durch positive Gedanken besser fühlen und deine Ziele erreichen kannst.

Zur Meditations- und Achtsamkeitspraxis gehört es auch, Vorsätze zu festigen. Sie drücken aus, was du in deinem Leben erreichen möchtest, und richten sich nicht auf Materielles wie neue Klamotten, Videospiele oder Eintrittskarten für ein Konzert. Es geht vielmehr um Werte, die du jeden Tag leben möchtest – wie etwa gesund und glücklich zu sein und eine enge Bindung zu Freunden und Familie zu haben.

Möglicherweise hast du einige dieser Techniken bereits unbewusst ausprobiert. Vor einer Prüfung sagt euch eure Lehrerin vielleicht, dass ihr einmal tief ein- und ausatmen sollt. Oder der Sporttrainer fordert euch vor einem Mannschaftsspiel auf, die Augen zu schließen und euch vorzustellen, wie ihr das Spiel gewinnt. Deine Mutter könnte dich darum bitten, darauf zu achten, wie du dich fühlst, wenn du gemein zu deiner jüngeren Schwester, einer Freundin oder einem Freund bist. Vielleicht drehst und streckst du dich, schwingst und balancierst und legst dich am Ende eines Tanzkurses hin, um deine Muskeln zu entspannen. Oder du sprichst während der religiösen Feiertage ein Gebet, in dem du um Gesundheit und Glück für deine Freunde und Familie bittest.

Nur weil sich diese Techniken sehr einfach anwenden lassen, heißt es nicht, dass sie nicht wirken.

Ob du es glaubst oder nicht, manchmal reicht schon ein tiefer Atemzug oder ein Gedanke daran, wofür du dankbar bist, um deinen ganzen Tag zu verändern – und dein Leben zu verbessern.

Was ist eigentlich Stress?

Stress ist, wenn Körper und Geist nicht im Einklang sind. Er kann sich in vielen Formen äußern, zum Beispiel als ein Gefühl der Angst, als innere Unruhe oder in Form von Sorgen.

Wenn du unter Stress stehst, kann dies passieren:

- Du hast Schwierigkeiten beim Atmen.
- Dein Herz klopft schneller.
- Du schwitzt an Händen und Körper.
- Dein Körper ist angespannt.
- Du fühlst dich wie benebelt.

Wenn du sehr unter Stress stehst, reagiert dein Körper mit Müdigkeit, Überforderung und manchmal auch mit Übelkeit. Du kannst Kopfschmerzen bekommen oder schläfst schlecht. Oder du wirst sehr traurig und fühlst dich manchmal hoffnungslos.

Wenn du schon als Kind lernst, mit Stress umzugehen, kommst du nicht nur besser durch den Tag, sondern stellst auch die Weichen für ein insgesamt gesünderes und glücklicheres Leben!

Wenn Körper und Gehirn dir sagen, dass Gefahr droht

Nimm dir einen Moment Zeit, um zu verstehen, wie Körper und Gehirn auf Stress reagieren.

Vor Tausenden von Jahren hatten die Menschen nur wenig sichere Zufluchtsräume, sie mussten sich ständig vor wilden Tieren in Acht nehmen und vor extremen Wetterbedingungen schützen. Wenn die damaligen Menschen mit einer gefährlichen Situation konfrontiert wurden, schalteten ihr Körper und ihr Gehirn in den Überlebensmodus.

Wenn du also damals gelebt hättest und einem wütenden Tiger begegnet wärst, dann hätte sich dein Körper sofort darauf eingestellt, zu kämpfen oder wegzulaufen. Diese Reaktion wird Kampf-oder-Flucht-Reaktion genannt.

Dein Gehirn hätte bei drohender Gefahr dein Herz schneller schlagen lassen, mehr Blut in deine Muskeln pumpen und dich schneller atmen lassen, damit du die Kraft und Energie hast, zu fliehen oder zu kämpfen. Sobald du die Situation bewältigt hättest, wären dein Körper und dein Gehirn zur Normalität zurückgekehrt, du hättest dich dann ausgeruht und erholt.

Wenn du sehr große Angst vor der Gefahr gehabt hättest, hätte es aber auch sein können, dass du einfach erstarrst – was dich wirklich in Schwierigkeiten gebracht hätte. Du hättest dann den Atem angehalten und dein Körper hätte vor Angst gezittert.

Heutzutage leben die allermeisten Menschen nicht mehr in der Wildnis und müssen nicht mit wütenden Tigern rechnen. Die Gefahren, denen wir heute im Alltag begegnen, sind nicht mehr so angsteinflößend, aber Körper und Gehirn reagieren noch immer wie vor Urzeiten. Wenn jemand auf dem Spielplatz gemein zu dir ist, wenn du eine Matheaufgabe nicht lösen kannst oder wenn deine Eltern sich streiten, fühlst du dich wehrlos. Auf diese Situationen reagiert dein Gehirn, indem es chemische Stoffe an deinen Körper sendet, um die Situation zu bekämpfen oder einfach zu erstarren. Das erzeugt ein Gefühl von Stress und Anspannung. In deinem Inneren mag sich die Situation gefährlich anfühlen, aber sie ist bei Weitem nicht so gefährlich wie der Kampf mit einem Tiger. Dein Körper merkt das aber nicht und reagiert genauso, wie er es in der Wildnis getan hätte. Hinzu kommt, dass du dir anschließend, wenn die »Gefahr« vorbei ist, vielleicht nicht die Zeit nimmst, dich zu erholen.

Anstatt dein Gehirn einfach automatisch auf eine Situation reagieren zu lassen, wie bei der Kampf-oder-Flucht-Reaktion oder beim Erstarren, kannst du etwas dafür tun, dass es bei drohender »Gefahr« erst einmal eine Pause einlegt. So kannst du dir überlegen, wie du klüger oder ruhiger reagieren könntest. Sicherlich findest du eine bessere Lösung für den Umgang mit schwierigen Situationen.

Wenn du gelernt hast, mit Stress umzugehen, wirst du dich nicht mehr gleich aufregen oder mutlos sein, wenn dich jemand beschimpft, wenn du zu viele Hausaufgaben hast oder wenn du dich ausgeschlossen fühlst. Stattdessen weißt du, dass du deinen sicheren, glücklichen Ort aufsuchen kannst, um dort einen besseren Plan zu schmieden. Du lässt nicht zu, dass sich der Stress aufbaut, sondern gibst deinem Gehirn und deinem Körper Zeit, sich auszuruhen und zu erholen und stark zu bleiben.

Wie dir Meditation helfen kann

Durch Meditation lernt dein Gehirn, in stressigen Situationen ruhig zu bleiben. Sie hilft dir, den ruhigen, sicheren und glücklichen Ort in dir zu finden und ihn immer dann aufzusuchen, wenn du ihn brauchst.

So funktioniert Meditation: Normalerweise rasen die Gedanken durch deinen Kopf. Ein Gedanke führt zum nächsten und der wiederum zum übernächsten. Wenn du meditierst, verlangsamst du das Rasen der Gedanken. Du schaffst mehr inneren Frieden und erkennst, dass du deine Reaktionen kontrollieren und deine nächsten Gedanken selbst bestimmen kannst.

Meditation hilft dir, innezuhalten.

Wenn du also einmal in Panik gerätst – und nicht tatsächlich gerade vor einem wilden Tiger fliehen musst –, nimm dir einen Moment Zeit, um nachzudenken.

Meditieren lässt auch dein Gehirn zur Ruhe kommen.

Wenn sich dein Gehirn ausruht, so wie sich auch dein Körper im Schlaf ausruht, funktioniert es besser. Und mit einem ausgeruhten Gehirn kannst du bessere Entscheidungen treffen.

Meditation kann dir also helfen, unmittelbare Stresssituationen besser zu bewältigen, vor allem aber kann sie dich für längerfristige Herausforderungen stärken.

Wie du eine Gewohnheit aufbaust

Wenn du etwas immer wieder tust, geht dir diese Tätigkeit bald leichter von der Hand. Deshalb musst du, wenn du etwas Neues ausprobierst, viel üben, um besser zu werden. Wenn du etwa Fahrrad fahren lernst, kann es eine Weile dauern, bis du weißt, wie du dich fortbewegst und gleichzeitig das Gleichgewicht hältst. Je mehr du übst, desto besser kannst du Fahrrad fahren.

Für die Übungen in diesem Buch brauchst du Geduld und Ausdauer. Je öfter du die Übungen machst, desto leichter werden sie.

Stell dir einen friedlichen, unberührten Wald vor. Hier gibt es keinen Pfad, den du entlanggehen könntest. Du musst dir deinen Weg durchs Dickicht bahnen, und es mag anfangs recht schwierig sein, bei all den Büschen, Ästen und dem Schlamm. Aber wenn du immer wieder denselben Weg nimmst, wird er mit jedem Mal klarer erkennbar und er ist leichter zu begehen.

Dein Körper und dein Geist sind wie dieser Pfad im Wald. Stress und Sorgen haben sich angehäuft und dein Körper ist angespannt. Wenn du einige der Übungen in diesem Buch zum ersten Mal ausprobierst, kann es sich sogar ein wenig seltsam anfühlen. Wenn du sie aber als hilfreich empfindest, solltest du wissen, dass sie dir immer leichter fallen werden, je öfter du sie machst.

Die Übungen in diesem Buch

Eine der wichtigsten Lektionen in diesem Buch ist, dass du lernst, wie du dich entspannen kannst.

Denk dran – mach dir keine Gedanken darüber, ob du die Übungen genau richtig ausführst. Dein Körper wird immer dafür sorgen, dass du atmest. In deinem Kopf wird es immer rasende Gedanken geben. Aber eins ist sicher: Man kann nicht schlecht atmen, meditieren oder sich bewegen! Du kannst diese Übungen auf deine Art machen, und es ist immer gut so, wie es ist.

Auf den nächsten Seiten erfährst du, wie du deine Atmung einsetzen kannst, um dich zu beruhigen und deine Gedanken besser zu kontrollieren.

Betrachte dieses Buch als eine Landkarte: Es führt dich an verschiedene Orte. Manchmal wirst du einen anderen Weg wählen wollen, und das ist völlig in Ordnung.

Es ist sogar großartig!

Dieses Buch hilft dir dabei, deine eigene Stimme und deinen eigenen Weg zu finden. Du erfährst, wie dein Körper und Geist auf verschiedene Situationen reagieren und wie du sie besser meistern kannst.

Mache die Übungen in diesem Buch eine nach der anderen. Lies zuerst die Anleitung, lege das Buch dann zur Seite und probiere sie aus.

Du kannst auch ein Elternteil, einen Betreuer, deinen Bruder oder deine Schwester oder eine Freundin bitten, dir die Übung vorzulesen, und ihr könnt sie dann gemeinsam ausführen.

Es ist völlig in Ordnung, wenn du es anders machst. Und wenn du vergisst, wie es geht, auch mitten in der Übung, kannst du einfach noch einmal ins Buch schauen.

Möchtest du die Zeit messen, benutze eine Uhr oder einen Wecker mit einem beruhigenden Ton. Wenn es in der Anleitung heißt, die Übung dauert fünf Minuten, du aber schon nach zwei Minuten fertig bist, ist das okay. Vielleicht möchtest du die Übung aber auch fünfzehn Minuten lang machen – das ist genauso gut!

Es kann sein, dass du es hilfreich findest, dir Notizen zu machen oder zu zeichnen, wie du dich nach einer Übung fühlst. Vielleicht möchtest du auch aufschreiben, was du während der Übung gelernt hast. Du kannst ein Tagebuch über deine Gedanken führen und dir Ziele für die Zukunft setzen. Wenn du sie später wieder liest, dich an einige Schwierigkeiten erinnerst und daran, welche Übungen dir auf deinem Weg besonders geholfen haben, kann das sehr aufschlussreich und spannend sein. Es wird dich ermutigen zu wissen, dass du gewachsen bist, Herausforderungen überwunden und Probleme gelöst hast.

Einige Übungen werden dir zusagen und Spaß machen, andere willst du vielleicht auslassen. Das ist völlig in Ordnung. Tu immer nur das, was sich angenehm anfühlt.

DER SICHERE, GLÜCKLICHE ORT

Beginne mit einer Übung, bei der du herausfindest, wann du dich glücklich und sicher fühlst. Lies dir die Übung zuerst durch und probiere sie dann aus. Es ist in Ordnung, wenn du dich nicht an die genaue Abfolge erinnerst, denn du kannst sie anpassen, ganz so, wie es für dich am angenehmsten ist. (Dies ist eine der längsten Übungen in diesem Buch!)

Dauer: 15 Minuten
Ort: ein ruhiger Platz

Wenn du magst, schließe die Augen.
Atme tief ein. Halte eine Sekunde inne. Atme dann aus.
Achte darauf, wie du sitzt. Ist dein Körper entspannt oder angespannt?
Atme ein und denke: »Ich entspanne mich.«
Atme wieder aus.
Versuche dich an eine Zeit zu erinnern, als du dich rundum glücklich gefühlt hast. Als du dich geliebt gefühlt hast, voller Energie und Begeisterung warst, aber auch friedlich. Das war vielleicht auf einer Geburtstagsfeier, auf dem Sportplatz oder als du mit deiner Familie einen Film geschaut hast. Oder vielleicht war es einfach eine Zeit mit deinen Freunden. Wenn es dir schwerfällt, dich an einen solchen Moment

zu erinnern, dann denk dir einfach einen aus. Stell dir vor, wo du bist und wer bei dir ist.
Wähle nun einen solchen glücklichen Moment aus. **Sieh** genau hin – wo befindest du dich? Bist du drinnen oder draußen? Wer ist an diesem Ort? Was hast du an? Wenn du dich daran nicht erinnern kannst, denke dir einfach ein Outfit aus.
Höre genau hin. Welche Geräusche nimmst du wahr? Kannst du Musik im Hintergrund hören oder ist es still? Kannst du trotz der Stille Geräusche aus der Natur erkennen? Oder Alltagsgeräusche aus der Schule oder von zu Hause? Hörst du Menschen sprechen?
Rieche, wo du bist. Es mag komisch klingen, aber versuche dich darauf zu konzentrieren, wonach es riecht. Vielleicht erinnerst du dich an das Parfüm deiner Oma oder du riechst die Bäume, die dich umgeben.
Schmecke, wo du bist. Wenn du etwas isst, stell dir den Geschmack von etwas vor, das dir guttut. Wenn du auf Anhieb nichts schmecken kannst, denk an dein Lieblingsessen.
Atme noch einmal tief ein. Und aus.
Und jetzt: **Fühle.** Wie fühlst du dich tief in dir drin?
Richte deine Aufmerksamkeit auf dein Herz und atme das Gefühl von Ruhe und Frieden ein. Atme ein und aus.
Atme noch einmal ein und aus und sage dir, dass du dich an dieses Gefühl erinnern wirst.
Öffne die Augen, falls sie geschlossen waren.

Wenn du Lust hast, kannst du deine Gefühle nun aufschreiben oder malen. Wie fühlt sich dein glücklicher Ort an? Wenn du deine Gefühle zeichnest, wie sehen sie aus? Manchmal ist es hilfreich, sich diese Notizen oder Zeichnungen einmal am Tag anzusehen. In Momenten, in denen du dich gestresst fühlst, kannst du sie hervorholen oder einfach die Augen schließen und dir die Bilder von deinem glücklichen Ort vorstellen.

ATMEN

WAS DEINE ATMUNG ÜBER DICH AUSSAGT

Die Atmung nährt deinen Körper. Wenn du einatmest, liefert der Sauerstoff den Zellen in deinem Körper die Energie, die sie brauchen, um dich gesund zu halten. Die Atmung regt auch die Bewegung und den Kreislauf an.

Beim Ausatmen entweichen Kohlendioxid und Giftstoffe aus deinem Körper. Die Atmung ist ein Zeichen dafür, dass du am Leben bist!

Deine Gedanken sind mit deiner Atmung verbunden. Wenn deine Gedanken rasen, besonders wenn du aufgeregt bist – egal ob vor Freude oder aus einem anderen Grund –, wird deine Atmung normalerweise schneller. Achte einmal darauf, bevor du in eine Achterbahn steigst oder ein Spukhaus betrittst: Hast du das Gefühl, dass du schneller atmest?

Wie ist es, wenn du wirklich verärgert bist, weil deine Eltern wütend waren oder weil du dich mit deinem besten Freund gestritten hast? Auch wenn man weint, atmet man normalerweise schneller. Vielleicht regst du dich sogar so sehr auf, dass du das Gefühl hast, zu schnell zu atmen und dich gar nicht mehr beruhigen zu können. Dann nimmst du plötzlich einen tiefen Atemzug, um dich zu beruhigen.

Oder geht deine Atmung vielleicht schneller, wenn du zu viele Hausaufgaben aufhast oder zu viele außerschulische Dinge erledigen musst?

Wenn du dich überfordert fühlst, bist du angespannt und ängstlich – und das spürst du dann vielleicht auch in deinem Bauch.

Gezielte Atmung kann einer der hilfreichsten Wege sein, um schwierige Situationen in den Griff zu bekommen. Sie kann dir auch helfen, dich auf Herausforderungen vorzubereiten, innezuhalten und nachzudenken, bevor du handelst, damit du kluge Entscheidungen triffst, die sich richtig anfühlen. Deine Atmung ist immer bei dir – sie ist deine Geheimwaffe und ein wirklich guter Freund!

Einfach atmen!

Atme nun tief ein ...
atme ein ...
und aus ...
und noch einmal ...
ein und aus.

Merkst du, dass deine Gedanken aufhören zu rasen, wenn du atmest? Versuche an etwas zu denken und gleichzeitig zu atmen. Sage zum Beispiel deinen Namen in Gedanken und atme dabei. Du wirst feststellen, dass deine Gedanken vom Namen weg und hin zur Atmung schweifen. Es ist schwer, beides gleichzeitig zu tun!

Die Atmung hilft dir, deine rasenden Gedanken zu beruhigen. Du kannst selbst bestimmen, was in deinem Kopf vorgeht, indem du deine Atmung veränderst. Wenn du deine Gedanken unter Kontrolle hast, bist du ruhiger, entspannter und fühlst dich allgemein glücklicher.

Atme ...
ein ...
und aus ...
und noch einmal ...

Versuch dir deine Atmung als einen Anker vorzustellen. Egal, was um dich herum geschieht, egal, wie beschäftigt du bist, egal, wer bei dir ist, du hast immer deine Atmung dabei. Sie ist ein stabiler und sicherer Teil von dir.

Du atmest, wenn du schläfst und wenn du träumst. Du atmest auch, wenn du meditierst. Die Atmung ist die Lebenskraft, die deinen Körper und deinen Geist gesund hält.

ATEMMEDITATION

Einfach nur zu atmen ist eine der wirkungsvollsten Methoden, sich zu entspannen. Übe jeden Tag zwei Minuten lang. Diese Meditation hält dein Gehirn und deinen Körper fit, verleiht dir mehr Energie und macht dich glücklicher.

Dauer: **1 Minute**
Ort: **überall**

Wähle einen bequemen, ruhigen Ort. Du kannst diese Meditation überall und zu jeder Zeit üben.
Schalte alle elektronischen Geräte und den Fernseher aus, damit du nicht abgelenkt bist. Diese Meditation ist sehr kurz, sie dauert nur eine Minute – das schaffst du!
Setz dich bequem hin. Wenn du dich dabei wohlfühlst, kannst du die Augen schließen. Wenn du die Augen lieber offenhältst, ist das auch okay.
Atme tief durch die Nase ein. Atme so tief ein, dass du fühlst, wie sich deine Lungen füllen.
Spüre beim Einatmen, wie sich dein Bauchraum dehnt.
Halte eine Sekunde lang inne.
Und nun atme aus, indem du langsam die Luft durch den Mund ausbläst.
Versuche beim nächsten Einatmen, drei Sekunden lang einzuatmen. Eins. Zwei. Drei.
Halte nun zwei Sekunden lang inne. Eins. Zwei.
Und atme vier Sekunden lang aus. Eins. Zwei. Drei. Vier.
Finde den Rhythmus, der für dich am besten passt. Atme ein. Pause. Atme aus.
Nach einer Minute oder wenn du das Gefühl hast, dass du mit der Übung fertig bist, öffne die Augen (falls sie geschlossen waren) und bedanke dich bei dir selbst dafür, dass du deinem Gehirn und deinem Körper diese Erfahrung ermöglicht hast.

Wenn du diese Meditation regelmäßig übst, wird sie zu einer Gewohnheit und zu einer sicheren, glücklichen Zeit. Du kannst jederzeit mit deiner Atmung arbeiten, egal wo du dich befindest.

PUSTE DAS KRIBBELN EINFACH WEG

Hast du manchmal ein unangenehmes Gefühl im Bauch? Dieses Kribbeln und Grummeln? Vielleicht spürst du es am Morgen vor dem ersten Schultag oder wenn du in ein neues Ferienlager fährst, wo du noch niemanden kennst. Oder wenn dein Trainer dir gerade gesagt hat, dass du nach der nächsten Auszeit die letzten Sekunden eines unentschiedenen Spiels spielen musst.

Du spürst, wie deine Atmung und dein Herzschlag schneller werden, weil du gleichzeitig aufgeregt und nervös bist. Aber dieses Bauchgrummeln will einfach nicht verschwinden.

Diese Übung könnte dir helfen. Probiere sie zu Hause ein paar Mal aus, damit du weißt, wie es geht, wenn du in eine Situation gerätst, in der du nervös bist.

Dauer: **weniger als 1 Minute**
Ort: **überall**

Achte darauf, wo genau du das Kribbeln spürst. Ist es vor allem im Kopf oder auch in den Armen? In deinem Herzen oder in deinem Bauch? Oder einfach überall? Wähle einen Bereich aus.
Stell dir nun vor, das Kribbeln käme von lauter bunten Schmetterlingen, die in deinem Körper auf und ab flattern. Blaue, rote, gelbe, violette. Schöne, bunte Schmetterlinge!
Atme nun tief durch die Nase ein.
Halte den Atem an und mach dich bereit, sie auszupusten.
Dann bläst du die Schmetterlinge mit einem Atemstoß aus deinem Mund hinaus.
Versuche es noch einmal.
Stell dir die Schmetterlinge vor.
Atme tief ein.
Halte inne und mach dich bereit, sie wirklich alle auszupusten.
Lasse den Atem durch den Mund heraus und stell dir vor, wie diese schönen, bunten Schmetterlinge ganz weit wegfliegen!

ATME DICH IN DEN SCHLAF

Manchmal fällt es uns allen schwer einzuschlafen. Unsere Gedanken kreisen um den Tag, oder wir machen uns Sorgen über etwas, das wir am nächsten Tag erledigen müssen.

Diese Übung kannst du vor dem Einschlafen ausprobieren, um all die Gedanken loszuwerden, die dich wachhalten. Am besten testest du sie schon vorher einige Male aus, um zu sehen, wie du dich dabei fühlst. Dann wird sie sich leicht und natürlich anfühlen, wenn du sie einmal brauchst!

Dauer: **1 bis 2 Minuten vor dem Einschlafen**
Ort: **dein Bett**

Lege dich auf den Rücken in dein Bett. Mach es dir mit einem bequemen Kissen unter dem Kopf gemütlich.
Lege eine Hand auf den Bauch und eine auf die Herzgegend. Schließe die Augen und atme ganz natürlich ein.
Spüre beim Einatmen, wie sich deine Bauchdecke hebt.
Atme nun aus.
Spüre beim Ausatmen, wie sich deine Lungen und deine Herzgegend senken.
Versuche es noch einmal.
Lege nun die Arme und Hände seitlich ab.
Atme langsam ein und zähle in Gedanken: »Eins. Zwei. Drei.«
Und beim Ausatmen: »Eins. Zwei. Drei. Vier.«
Eins, zwei, drei beim Einatmen.
Eins, zwei, drei, vier beim Ausatmen.
Wiederhole das zehnmal.
Wenn du fertig bist, atme einfach normal weiter. Wünsche dir süße Träume und eine gute Nacht.

Wenn du dich nach dieser Übung immer noch hin und her wälzt, beginne von vorne und zähle erneut zehn Atemzüge. Vielleicht fällt es dir leichter, beim Einatmen auf eins zu zählen und beim Ausatmen auf eins-zwei. Versuche es zehnmal und atme dann wieder normal.

WENN DEIN KOPF BRUMMT

Heutzutage haben leider viele Kinder Kopfschmerzen. Verschiedene Faktoren können sie auslösen: Manchmal ist es der Stress, die Art der Ernährung, oder es liegt daran, dass Kinder zu wenig trinken. Kopfschmerzen können aber auch auftreten, weil der Körper wächst und viele Veränderungen durchmacht. Bei manchen Kindern treten sie scheinbar grundlos auf. Es ist gut, wenn du lernst, mit den Schmerzen umzugehen.

Hier sind ein paar Tipps, die dir helfen können, Kopfschmerzen zu vermeiden:

- Schlafe ausreichend, mindestens neun bis zehn Stunden!
- Bewege dich regelmäßig. Die Yogaübungen in diesem Buch sind toll, aber du kannst zusätzlich auch laufen, eine Sportart machen, Fahrrad fahren oder Seil springen.
- Achte darauf, ob du Kopfschmerzen bekommst, wenn du bestimmte Lebensmittel isst oder eine Mahlzeit auslässt.
- Trinke viel Wasser.

Wenn du trotzdem mal Kopfschmerzen haben solltest, versuche diese Meditation, um sie zu lindern:

Dauer: **2 Minuten**
Ort: **ein dunkler Raum**

Wenn du starke Kopfschmerzen hast, ist es vielleicht angenehmer, wenn du dich in einen dunklen, kühlen Raum setzt.
Mach es dir so bequem, wie du kannst. Wenn du dich dabei wohler fühlst, kannst du dich auch hinlegen.
Lege die Hände in den Schoß oder lass sie seitlich herunterhängen. Deine Handflächen zeigen nach oben. Beginne mit der Atmung. Zähle beim Einatmen bis drei. Eins. Zwei. Drei.
Pause.
Dann atme auf vier aus. Eins. Zwei. Drei. Vier.
Atme nun weiter und richte deine Aufmerksamkeit auf dein Herz. Kannst du deinen Herzschlag spüren? Spürst du den Rhythmus?
Verlagere deine Aufmerksamkeit auf deine Fingerspitzen. Versuche deinen Herzschlag in deinen Fingerspitzen zu spüren.
Atme noch einmal tief ein und aus.
Mache es dir so bequem wie möglich, lege dich hin (falls du vorher im Sitzen geübt hast) und halte, wenn es geht, ein kleines Nickerchen.

Ziel dieser Meditation ist es, den Blutfluss von deinem Gehirn in andere Teile deines Körpers wahrzunehmen. Bei Kopfschmerzen ist es oft so, dass sich die Blutgefäße in Kopf, Nacken und Schultern verengen. Indem du deinen Herzschlag in den Fingerspitzen zu spüren versuchst, kannst du den Blutfluss anregen und deine Kopfschmerzen lindern.

WENN DIR ETWAS WEHTUT

Die Atmung kann dir helfen, mit Schmerzen umzugehen, etwa wenn du Bauchschmerzen hast oder wenn dir ein Fußknöchel oder der Rücken wehtut. Der Atem bringt Sauerstoff in den Körper, und eine gleichmäßige Atmung hilft dir, dich zu entspannen, was wiederum deine Beschwerden lindern kann.

Dauer: **beliebig**
Ort: **überall**

Nimm einen tiefen Atemzug: Atme ein. Eins. Zwei. Drei.
Pause.
Atme aus. Eins. Zwei. Drei. Vier.
Mache dir beim Atmen bewusst, dass der Sauerstoff, den du einatmest, deinem Körper hilft, besser zu arbeiten. Spüre die heilende Energie der Luft. Stell dir die Luft als ein kühlendes Blau vor. Während du einatmest, stellst du dir vor, wie die Luft, diese blaue Farbe, durch deinen Körper wandert.
Richte deine Aufmerksamkeit auf den Bereich, in dem du Schmerzen hast. Wenn du zum Beispiel Bauchschmerzen hast, konzentriere dich auf deinen Bauch.
Und nun lasse deinen Atem aus dem Bauch ein- und wieder ausströmen.
So atmet dein Bauch die blaue, kühlende, heilende Luft ein. Eins. Zwei. Drei.
Während du innehältst, siehst du, wie sich die blaue Luft mit dem Schmerz vermischt.
Und wenn du ausatmest, siehst du, wie der Schmerz deinen Körper verlässt.
Lass deinen Körper fünf- bis zehnmal auf diese Weise ein- und ausatmen und konzentriere dich dabei auf den Bereich, in dem du Schmerzen hast.
Wenn du fertig bist, atme noch einmal tief ein und aus.
Atme dann wieder wie gewohnt.

Hoffentlich verspürst du nach dieser einfachen Meditation eine gewisse Erleichterung. Du kannst diese Übung regelmäßig machen und dich dabei je nach Bedarf auf verschiedene Körperteile konzentrieren.

THE

BLEIB COOL

Wenn du wütend oder verlegen bist, merkst du dann manchmal, wie dein Körper heiß wird? Dein Gesicht wird rot und du spürst, wie die Hitze in dir kocht. Das ist eine ganz normale Reaktion, wenn du sauer bist, dich aufregst oder unsicher fühlst.

Die nächste Atemübung mag zunächst seltsam wirken, aber sie eignet sich hervorragend, um dich zu beruhigen, wenn du innerlich aufgeheizt bist. Du kannst sie jederzeit machen, aber es lohnt sich, sie einmal in einem freien Moment auszuprobieren, damit du weißt, wie es geht, wenn du sie wirklich brauchst.

Dauer: **1 Minute**
Ort: **überall**

Öffne deinen Mund und rolle deine Zunge wie zu einem Strohhalm. (Manche Menschen können ihre Zunge nicht rollen. Wenn du es nicht kannst, dann halte sie einfach flach im Mund.)
Atme durch die Zunge ein, indem du die Luft schlürfst, als wäre sie dein Lieblingsgetränk.
Schließe den Mund und atme durch die Nase aus.
Und noch einmal.
Öffne den Mund und rolle die Zunge. Atme ein.
Schließe den Mund. Und atme durch die Nase aus.
Vielleicht stellst du fest, dass sich die Luft beim Einatmen kühl anfühlt, während du beim Ausatmen die Wärme aus deinem Inneren durch die Nasenlöcher entweichen lässt.

Wenn du einmal weißt, wie es geht, probiere diese Übung aus, wenn du das nächste Mal aufgeregt bist. Du musst sie nicht für alle sichtbar machen – öffne den Mund nur ein wenig, rolle die Zunge und atme ein und aus.

SUMMEN GEGEN DEN STRESS

Wenn du gestresst und verärgert bist, fühlt es sich vielleicht manchmal so an, als würde dir der Kopf brummen. Die Gedanken kommen so schnell, dass es scheint, als würden sie nicht mehr aufhören. Oder es fällt dir schwer zuzuhören, wenn jemand spricht, oder dich zu konzentrieren. Vielleicht bekommst du sogar Kopfschmerzen von der ganzen Aufregung.

Wenn du dieses Summen herauslässt, bist du entspannter und kannst jede Art von Stress loswerden.

Dauer: **1 Minute**
Ort: **überall**

Lege deine Zeigefinger auf deine Ohrmuscheln (der Bereich, der sich zwischen Wange und Ohrloch befindet).
Versuche, die kleinen Ohrklappen vorsichtig so einzudrücken, dass sie die Öffnung zum Trommelfell verschließen. Du wirst feststellen, dass du vielleicht ein Summen hörst, wenn du die Außengeräusche ausschließt. Nimm die Finger wieder weg, sodass die Öffnung wieder frei ist.
Lass sie offen, während du tief einatmest.
Mache eine Pause und drücke die Ohrklappen wieder zu.
Summe, während du sanft aus dem Mund ausatmest. Spüre, wie die Vibration und das Summen aus deinem Körper entweichen. Mache eine Minute lang weiter und fühle dann nach, ob der Stress zusammen mit dem Summen aufgehört hat.

BEWEGUNG

BEWEGUNG TUT GUT!

Bewegung tut deinem Körper und Geist gut.

Wenn du dich bewegst, dehnst du deine Muskeln, du atmest Luft ein, die deinen Körper nährt, du schwitzt Giftstoffe aus und dein Gehirn setzt chemische Stoffe frei, die dich glücklich machen.

Wenn du Sport treibst, weißt du wahrscheinlich, wie gut du dich nach einem intensiven Spiel oder Training fühlst. Nicht nur dein Körper wird munter (und tut vielleicht ein bisschen weh), sondern auch dein Geist ist klar und unbeschwert!

Je nachdem, ob du Energie tanken oder dich beruhigen willst, kannst du durch die Art der Bewegung bestimmen, wie du dich den Tag über fühlst.

Beim Gehen meditieren

Die meisten von uns gehen jeden Tag zu Fuß. Vielleicht gehst du zu Fuß zur Schule oder machst abends einen Spaziergang mit dem Hund. Oder du wechselst nach jeder Unterrichtsstunde das Klassenzimmer oder gehst jeden Abend und jeden Morgen die Treppe zu deinem Zimmer rauf und runter. Vielleicht gehst du auch einfach nur gerne in der Nachbarschaft spazieren – allein, mit Freunden oder mit deiner Familie. Wenn du im Rollstuhl sitzt, hast du wahrscheinlich deine eigene Art, vorwärtszukommen und dich regelmäßig zu bewegen. Festzustellen, wie Körper und Geist mühelos zusammenarbeiten, wenn du etwas so Einfaches machst wie Gehen, erinnert daran, wie großartig der menschliche Körper ist.

Die meiste Zeit über achtest du wahrscheinlich nicht darauf, wie du gehst oder dich bewegst. Manchmal nimmst du es als ganz selbstverständlich hin und bemerkst nicht, was sich um dich herum befindet. Wenn du deine Umgebung aber nicht mehr wahrnimmst und nicht mehr weißt, wie du mit ihr verbunden bist, kannst du dich in deiner eigenen Welt verlieren. Das kann beunruhigend sein, es ist aber auch langweilig und isoliert dich!

In diesen beiden Gehmeditationen geht es darum, wie du dich wieder mit deinem Körper und seinen grundlegenden Bewegungen verbinden und deine Umgebung bewusster wahrnehmen kannst.

ERLEBE EINEN WEG GANZ NEU

Dauer: so lange du willst
Ort: ein alltäglicher Weg

Wähle einen Weg, den du jeden Tag machst. Es kann etwas so Einfaches sein wie der Gang von der Küche in dein Zimmer oder dein täglicher Weg zur Schule. Plane die gleiche Zeit ein, die du normalerweise dafür benötigst, und füge dann am Anfang und am Ende eine Minute hinzu.

Den heutigen Spaziergang solltest du ohne Musik und ohne Gespräche planen (für den Fall, dass dich ein Elternteil, Geschwister oder ein Freund begleiten). Wenn du heute zu Fuß gehst, wirst du auf deine Umgebung achten.

Bevor du losgehst, stelle dich gerade hin und lasse die Arme an den Seiten herunterhängen. Schließe die Augen und atme tief ein und aus.

Achte auf deine Körperhaltung, bevor du dich in Bewegung setzt, und stelle sicher, dass du aufrecht stehst. Fühlt sich dein Körper energiegeladen an oder bist du heute etwas müde? Achte darauf, wie du dich in diesem Moment fühlst.

Sage dir: »Ich werde auf diesem Weg meine Umgebung bewusst wahrnehmen.«

Öffne die Augen und bevor du losgehst, nimm dir einen Moment Zeit, um dich umzusehen. Beobachte deine unmittelbare Umgebung.

Wähle von dem, was du siehst, zehn Dinge aus und zähle sie in Gedanken auf.

Nimm die Gerüche wahr – gute und schlechte – und versuche herauszufinden, woher sie kommen.

Achte auf die Geräusche um dich herum. Was erzeugt diese Geräusche? Nimm dir einen Moment Zeit, um sowohl auf die leisen als auch auf die lauten Geräusche zu achten.

Spüre, wie warm oder kalt es ist. Weht eine leichte Brise oder ist es windstill? Scheint die Sonne, ist es feucht oder regnet es?

Wenn du im Haus oder in der Wohnung bist, achte auf die Lichtverhältnisse. Fällt Sonnenlicht durch das Fenster oder sind Lampen an?

Jetzt ist es Zeit zu starten. Hebe einen Fuß an und gehe los.

Achte auf deine Umgebung, während du in deinem normalen Tempo gehst. Schau dich um. Fällt dir etwas auf, was du vorher nicht gesehen hast? Atme.

Achte bei jedem Atemzug darauf, wie die Luft in deine Lungen eindringt. Ist sie kühl oder warm?

Nimm die Gerüche um dich herum wahr.

Spitze die Ohren. Verändern sich die Geräusche, während du dich bewegst?
Wenn du an deinem Ziel angekommen bist, nimm dir einen weiteren Moment Zeit, um deine Augen zu schließen und tief ein- und auszuatmen.
Denke über das nach, was dir beim Gehen aufgefallen ist. Manchmal kann ein Spaziergang wie dieser einen alten Ort wie neu erscheinen lassen.

Hat sich dieser Spaziergang anders angefühlt? Wie war es, still zu sein und wahrzunehmen? Warst du dir deiner Muskeln und der Funktionsweise deines Körpers bewusster als sonst? Ist dir etwas aufgefallen, was du vorher nicht gesehen hast, obwohl du jeden Tag denselben Weg gehst?

Ein achtsamer Spaziergang hilft dir, dich mit deinem Körper zu verbinden und zu erkennen, wie viel zusammenkommt, wenn du dich bewegst. Vielleicht stellst du fest, dass du dich heute nicht so gut fühlst und mehr Ruhe oder etwas zu essen brauchst.

Dies ist eine Gelegenheit, deine Alltagswelt aus einem neuen Blickwinkel zu betrachten. Vielleicht wartet ein neues Abenteuer auf dich!

EIN LANGSAMER UND RUHIGER SPAZIERGANG

Bei dieser Übung kannst du darauf achten, wie du gehst. Es ist ein sehr langsamer Spaziergang, der dir helfen kann, einen Gang runterzuschalten, wenn das Leben ein bisschen zu schnell scheint. Beginne mit zehn Schritten, die du mit der Zeit immer weiter steigern kannst.

Dauer: 1 Minute
Ort: überall

Bevor du etwas tust, achte auf deine Körperhaltung. Stehst du gerade oder krumm? Achte darauf, dass du bei dieser Übung aufrecht stehst.

Achte auf deine Arme. Verschränkst du sie vor dir oder steckst du die Hände in die Taschen? Lass sie einfach entspannt herunterhängen.

Lass deine Augen nach vorn schauen. Vielleicht ist es einfacher, wenn du sie auf etwas in der Ferne richtest.

Bei jedem Schritt atmest du tief ein und aus. Dann hältst du inne. Und danach machst du einen weiteren Schritt.

Erster Schritt: Wenn du den Fuß hebst, atmest du ein, und wenn du ihn absetzt, atmest du aus.

Pause.

Zweiter Schritt: Atme ein, wenn du den Fuß anhebst, und aus, wenn du ihn wieder absetzt.

Wiederhole diese Abfolge, bis du zehn Schritte gemacht hast. (Es kann hilfreich sein, dabei in Gedanken zu zählen, etwa so:

Eins, während du ein- und ausatmest.

Zwei, während du ein- und ausatmest.

Drei, während du ein- und ausatmest.

Fahre fort, bis du bei zehn bist.)

Nun zähle in Gedanken bis zehn, bevor du die Übung beendest. Lass die Atmung wieder normal werden und denke darüber nach, wie es sich angefühlt hat, langsam zu gehen. Hast du dich anders gefühlt? Ist dir bewusster geworden, wie deine Muskeln zusammenarbeiten, um dich vorwärtsgehen zu lassen?

WAS IST YOGA?

Yoga ist eine Möglichkeit, deinen Körper, deinen Geist und deine Atmung miteinander zu verbinden.

Yoga hilft deinem Körper, Stress abzubauen, indem er Giftstoffe freisetzt, durch Dehnung flexibler und stärker zu werden und gute Hormone auszuschütten, die dich glücklicher und gesünder machen.

Yoga unterscheidet sich von den meisten Übungen im Sportunterricht oder im Sportverein, aber auch diese sind wichtig und gut. Yoga ist langsamer und konzentriert sich mehr auf die Atmung und die Dehnung, um deinem Körper zu helfen, sich zu erholen und sich zu stärken, wenn du eine stressige Zeit hattest.

Yogahaltungen

Es gibt viele verschiedene Yogapositionen, die du ganz nach Belieben miteinander kombinieren kannst. Für die einen ist Yoga eine Möglichkeit, sich zu dehnen, den anderen geht es vor allem darum, die Durchblutung zu fördern, die Ausdauer zu steigern oder beweglicher zu werden. Du entscheidest selbst, wie schnell oder langsam du die Übungen machst, und du kannst, deinen Bedürfnissen entsprechend, dein eigenes Programm machen. Es gibt im Yoga bestimmte »Flows«, also Kombinationen von Haltungen, die deinen gesamten Körper ansprechen. In diesem Buch lernst du erst einmal die Grundlagen kennen und bekommst somit einen Vorgeschmack.

Zu Yoga gehört auch Bewegung, wir wollen aber erst einmal damit beginnen, einfach ruhig und aufrecht dazustehen.

DIE BERGHALTUNG

Ein Berg ist stark, stabil, groß und unbeweglich. Wenn du aufrecht wie ein Berg stehst, hast du mehr Kontrolle über deinen Körper und über deine Welt. Schon bald wirst du dich auch inmitten von Durcheinander und Aufregung um dich herum stark und ausgeglichen fühlen.

1. Stell dich aufrecht hin, die Arme hängen seitlich herunter, die Hände sind locker (nicht zu Fäusten geballt).
2. Die Füße stehen etwas auseinander und flach auf dem Boden.
3. Dein Kopf ist aufrecht und du schaust geradeaus.
4. Stell dir einen Faden vor, der deinen Kopf ganz leicht nach oben Richtung Himmel zieht.
5. Atme ein und aus.
6. Stell dir vor, du bist ein schneebedeckter Berg, höher als alle anderen, und der starke Beschützer aller Länder, die dich umgeben. Wolken kommen und gehen, aber du stehst gerade da. An deinen Hängen regnet es vielleicht, aber du bleibst geerdet und stabil.
7. Atme ein und aus. Ein und aus.

Versuche anfangs fünfmal ein- und auszuatmen und dann zehn oder sogar zwanzig Atemzüge zu schaffen.

DIE BAUMHALTUNG

Hast du manchmal das Gefühl, dass zu viel an einem einzigen Tag passiert? Dass du von einer Aktivität zur nächsten hetzt oder dass du müde bist, aber keine Zeit zum Ausruhen hast?

Wenn du schon früh lernst, dein inneres Gleichgewicht zu finden, kann dir das für später helfen, wenn du älter bist und immer mehr Pflichten hast.

Diese Haltung ist eine gute Möglichkeit, sich auf das körperliche Gleichgewicht zu konzentrieren. Vielleicht stellst du aber fest, dass du erst einmal deinen Geist beruhigen musst, damit dein Körper zur Ruhe kommt.

1. Beginne in der Berghaltung, indem du aufrecht und fest auf dem Boden stehst.
2. Atme tief ein. Achte darauf, wie du stehst. Die Schultern sollten gerade sein, die Arme seitlich herunterhängen und die Füße fest auf dem Boden stehen.
3. Atme langsam und tief ein und aus.
4. Konzentriere dich auf deine Füße als Anker.
5. Mit einem Atemzug, du atmest ein und aus, führst du nun deine Hände zusammen. Die Handflächen liegen aneinander, als würdest du beten.
6. Mit dem nächsten Atemzug beginnst du, das rechte Bein anzuheben und balancierst auf dem linken Bein. Zunächst legst du die Fußsohle des rechten Fußes an den linken

Knöchel. Balanciere weiter. Es kann sein, dass du von einer Seite zur anderen schwankst. Stell dir vor, du wärst ein Baum im Wind, der aufrecht steht. Es kann auch hilfreich sein, wenn du dich auf einen Punkt vor dir konzentrierst. Wenn du eine bequeme Körperhaltung gefunden hast, atmest du aus.

7. Atme ein und aus und benutze deinen Atem, um dein Gleichgewicht zu halten und aufrecht zu stehen. Wenn du schwankst, konzentriere dich wieder neu und atme.
8. Wenn du stabil stehst, versuche, deinen rechten Fuß am linken Bein entlang hochzuziehen, bis du ihn an der Innenseite deines linken Knies abstellen kannst. Du kannst dein linkes Knie durchstrecken oder, wenn es angenehmer für dich ist, es ein wenig anwinkeln.
9. Atme ein und aus.
10. Atme tief ein und setze beim langsamen Ausatmen den rechten Fuß wieder auf dem Boden ab, die Arme gleiten herunter an die Seiten.
11. Stell dich aufrecht hin und atme ein und aus.

Und nun kommt die andere Seite dran:

1. Dein rechtes Bein bleibt nun fest auf dem Boden stehen. Die Arme hängen locker seitlich herunter.
2. Atme ein und aus.
3. Während du einatmest, hebst du die Hände wieder an und legst die Handflächen aneinander. Beim nächsten Einatmen hebst du den linken Fuß an und setzt ihn an der Innenseite des rechten Knöchels ab. Atme aus, während du eine bequeme Stellung findest. Versuche, das Gleichgewicht zu halten. Wenn du den Fuß absetzen musst, setze ihn ab, atme ein und versuche es noch einmal.
4. Wenn es geht, ziehe den linken Fuß nun hoch und stelle ihn an der Innenseite des rechten Knies ab. Nimm dir einen Moment Zeit, um das Gleichgewicht zu finden. Dein Atem hilft dir, das Gleichgewicht zu halten und fest auf dem Boden zu stehen.
5. Atme ein und aus. Setze dann langsam den linken Fuß auf den Boden. Deine Arme hängen wieder seitlich herunter.
6. Atme ein und aus.
7. Stell dich wieder in die Berghaltung und atme ein letztes Mal ein und aus.

DER HERABSCHAUENDE HUND

Ist dir jemals aufgefallen, wie sich ein Hund streckt, wenn er nach einem Nickerchen aufwacht? Er streckt die Vorderpfoten nach vorne und dehnt dabei Schultern, Nacken, Rücken und Hinterbeine. Sein Hinterteil ist dabei nach oben gerichtet, in Richtung Himmel.

In dieser Stellung kannst du deinen Körper dehnen und mehr Energie für den Tag tanken. Am besten machst du sie direkt nach dem Aufstehen oder auch, wenn du zwischendurch einen Energieschub brauchst.

1. Stelle dich aufrecht in die Berghaltung.
2. Atme tief ein und aus.
3. Gehe auf den Boden in den Vierfüßlerstand, dein Rücken ist dabei gerade, als wärst du ein Tisch.
4. Strecke die Arme nach vorne aus, die Hände liegen flach auf dem Boden.
5. Atme tief ein und aus.
6. Drücke nun die Hände auf den Boden, hebe deinen Po in die Höhe und strecke die Beine. Lass deinen Kopf nach unten zwischen deine Arme hängen. Spüre die Dehnung in der Rückseite deiner Beine und in deinen Armen.
7. Atme noch einmal tief ein und aus.
8. Beuge die Knie zurück zum Boden. Stelle die Hände wieder so auf, dass du einen Tisch bildest. Atme ein und aus.
9. Stelle dich dann wieder in der Berghaltung aufrecht hin. Atme ein und aus.

KATZE UND KUH

Hast du schon einmal beobachtet, wie eine Katze einen Buckel macht, den sie Richtung Himmel reckt? Sie macht ihren Rücken zuerst richtig rund und lässt dann die ganze Spannung los. Und ist dir schon einmal aufgefallen, dass der Rücken einer Kuh einen Bogen nach unten macht?

Mit dieser Übung dehnst du deine Wirbelsäule und lockerst somit deinen Rücken.

1. Beginne im Vierfüßlerstand, dein Rücken ist flach wie eine Tischplatte.
2. Entspanne deine Halspartie, du kannst dabei einfach auf den Boden schauen.
3. Atme tief ein und aus. Zuerst machst du einen Buckel wie eine Katze.
4. Atme tief ein und hebe den Rücken zur Decke, als würdest du einen Bogen machen, damit jemand unter dir hindurchkriechen kann. Lass Hals und Kopf dem Bogen ganz natürlich folgen und schaue dabei weiter auf den Boden.
5. Beim Ausatmen machst du wieder einen flachen Rücken und kehrst in die Tischposition zurück. Und dann dehnst du dich in die entgegengesetzte Richtung.
6. Nimm nun die Kuh-Haltung ein. Atme tief ein und hebe Kopf und Po zur Decke. Stell dir vor, dass dein Rücken ein lang gezogenes U ist, sodass er eine Mulde bildet, die etwas Wasser aufnehmen könnte. Deine Augen kannst du an die Decke richten.
7. Kehre beim Ausatmen in die Tischposition zurück.
8. Atme tief ein und aus.
9. Wiederhole beide Haltungen noch einmal.
10. Wenn du fertig bist, kehre in die Tischposition zurück und atme ein und aus, bevor du dich wieder hinstellst.

DIE KOBRA

Die Kobra ist eine sehr kräftige Schlange. Sie schlängelt sich auf dem Boden entlang, und wenn sie zum Angriff bereit ist, hebt sie stolz ihren Kopf und packt schnell zu. Sie ist konzentriert und stark.

Mit dieser Yogahaltung dehnst du Rücken, Nacken und Schultern, also Bereiche, die schnell verspannt sind. Wenn du öfter mal Kopfschmerzen hast, solltest du diese Übung regelmäßig machen. Der wichtigste Punkt bei dieser Haltung ist, sanft vorzugehen. Vergegenwärtige dir dabei die schlängelnden Bewegungen einer Kobra: sanft und ohne große Anstrengung.

1. Lege dich auf den Bauch. Strecke die Beine weit nach hinten aus, deine Füße sind ausgestreckt, die Fußsohlen zeigen nach oben.
2. Atme ein und aus. Denke an die Kraft, die du in der Pause zwischen den Atemzügen erlangst. Atme ein, halte inne und atme aus.
3. Beuge die Ellbogen und lege die Hände neben den Schultern auf den Boden.
4. Beim Einatmen streckst du nun sanft die Arme, hebst deinen Oberkörper an und schaust geradeaus. Komme nicht zu weit nach oben; konzentriere dich lieber auf einen Punkt vor dir.
5. Zähle bis zehn und atme dabei in einem Tempo ein und aus, das dir angenehm ist. Wenn du anfangs lieber bis drei zählen willst, ist das auch in Ordnung.
6. Atme noch einmal ein und komme beim Ausatmen wieder sanft nach unten, indem du die Arme beugst.
7. Lege die Arme seitlich ab und ruhe dich ein paar Sekunden aus. Du kannst den Kopf zur Seite drehen, wenn das angenehm für dich ist.
8. Atme mindestens zweimal ein und aus, um dich auszuruhen.

DER SCHMETTERLING

Nach einem langen Tag, an dem du in der Schule oder zu Hause viel sitzen musstest, tut es gut, ab und zu die Muskeln zu dehnen, um Verspannungen zu lösen.

Bei Bauchschmerzen (wenn du etwa Probleme hast, auf die Toilette zu gehen, oder Krämpfe während deiner Periode hast) kann dir diese Übung Erleichterung bringen und dir helfen, dich besser zu fühlen.

1. Setze dich auf den Boden und spreize die Beine zu einem großen V.
2. Führe nun deine Füße zusammen, sodass eine Raute entsteht. Deine Fußsohlen liegen aneinander. Ziehe deine Füße dann so nah wie möglich an deinen Körper heran. Du kannst sie mit den Händen umfassen, um das Gleichgewicht zu halten.
3. Atme dreimal tief ein und aus.
4. Lass die Füße zusammen, atme aus und drücke nun deine Knie und Oberschenkel sanft zum Boden. Gehe dabei nur so weit nach unten, wie es angenehm für dich ist.
5. Beim Einatmen hebst du die Knie nun wieder an.
6. Bewege deine Knie mehrmals auf und ab, atme aus, wenn du die Knie nach unten drückst, und atme ein, wenn du sie wieder hochziehst. Stell dir vor, deine Beine sind wie die Flügel eines Schmetterlings, die auf und ab flattern.
7. Nach fünf bis zehn Flügelschlägen kannst du versuchen, deinen Kopf in Richtung Boden zu beugen. Wie fühlt sich das an? Vielleicht spürst du eine angenehme Dehnung im unteren Rücken und eine größere Entspannung in deinen Beinen. Übe nur das, was sich gut anfühlt.
8. Wenn du fertig bist, strecke die Beine wieder aus.
9. Atme tief ein und aus.

DAS GLÜCKLICHE BABY

Stell dir ein Baby vor, das gurrt, lacht und sich auf dem Boden wälzt. Für einen ganz kleinen Menschen ist alles neu und magisch, vielleicht sogar ein wenig verwirrend und beängstigend. In der einen Minute ist das Baby nervös und weint, aber kurz darauf lächelt es schon wieder.

Erinnerst du dich daran, wie es sich angefühlt hat, ein sorgloses Baby zu sein?

Wenn du die nächste Yogaübung machst, stell dir vor, du wärst ein Baby und würdest die ganze Anspannung, alle Pflichten und all deine seelischen Verletzungen einfach loslassen.

1. Lege dich auf den Rücken und winkle die Beine an. Stell dir vor, dass sich deine Knie zu den Ohren bewegen.
2. Strecke die Arme hoch und umfasse deine Fußsohlen. Die linke Hand sollte den linken Fuß halten, die rechte Hand den rechten Fuß. Wenn du deine Füße nicht erreichen kannst, lege die Hände auf die Außenseiten deiner Knie.
3. Atme tief ein und aus.
4. Ziehe nun beim Einatmen deine Füße zu dir heran, beuge die Knie und spüre die Dehnung in deinem Po. Sei sanft, aber merke, wie du den unteren Rücken massieren kannst, indem du deine Füße leicht hin und her bewegst. Atme aus.
5. Lächle und fühle dich wie ein Baby. Versuche, dich ein wenig hin und her zu wälzen und hab Spaß dabei. Atme weiter ein und aus.
6. Wenn du fertig bist, bleib ein paar Sekunden auf dem Rücken liegen, bevor du dich aufsetzt.
7. Atme bewusst ein und aus, drehe dich auf die Seite und setze dich auf, sobald du dich danach fühlst.

DIE ENTSPANNUNGSLAGE

Einfach nur dazuliegen, ohne etwas zu tun, kann so entspannend oder schwierig sein wie sonst nichts.

Beim Yoga aktivierst du deine Muskeln, erhöhst deine Herzfrequenz, atmest tiefer und steigerst deine Körpertemperatur. Sich am Ende der Yogaübungen ein paar Minuten hinzulegen, ist wichtig, damit dein Körper wieder zur Ruhe kommt.

Die Ruhe nach der Bewegung ermöglicht deinem Körper und Geist, alles zu verarbeiten. In dieser Ruhezeit kannst du feststellen, welche Veränderungen stattgefunden haben und mit jedem Atemzug die guten Hormone spüren, die durch deinen Körper fließen. Genieße die positiven Gefühle und versuche, sie mit in den Tag zu nehmen!

1. Lege dich auf den Rücken. Deine Hände und Arme liegen seitlich neben dem Körper, die Beine sind gestreckt und die Füße entspannt.
2. Schließe die Augen.
3. Sei einfach ruhig. Und still. Spüre nach, wie sich dein Körper anfühlt.
4. Atme ein und aus. Ein und aus. Ein und aus.
5. Und tue nichts.
6. Deine Gedanken können hierhin und dorthin wandern, zu Geräuschen um dich herum oder zu Erinnerungen an etwas, das früher am Tag oder vor längerer Zeit passiert ist. Wenn du merkst, dass du tagträumst, atme einfach wieder ein und nimm wahr, wie sich dein Körper anfühlt.
7. Nimm noch drei Atemzüge. Ein und aus. Ein und aus. Ein und aus.
8. Öffne die Augen.
9. Wenn du dich bereit fühlst, kannst du dich auf eine Seite drehen und dich aufsetzen.

Nachdem du Yoga gemacht hast, ist es immer eine gute Idee, dir einen Moment Zeit zu nehmen, um »aufzuwachen« und wie nach einer kleinen Reise wieder anzukommen. Manchmal hat man beim Yoga Tagträume und die Gedanken schweifen ab. Das kann wunderbar und entspannend sein. Wenn es jedoch an der Zeit ist, in den Alltag zurückzukehren, solltest du präsent sein und wahrnehmen, was um dich herum geschieht.

Die positive Wirkung von Yoga, bewusster Atmung, Meditation und Achtsamkeit wird sich in deinem Leben bemerkbar machen. Mit etwas Übung kannst du dich ruhiger fühlen, dich besser konzentrieren und im Allgemeinen zufriedener sein.

YOGA-FLOW

Wenn du langsam mit Yoga beginnen willst, übe die auf den vorigen Seiten beschriebenen Haltungen. Du kannst sie auch miteinander kombinieren und dein eigenes Programm oder deinen eigenen Yoga-Flow kreieren! Hier findest du Kombinationen der Yogahaltungen, die dir Spaß machen könnten:

- **Flow 1**
  Berg • Baum • Berg
- **Flow 2**
  Berg • Herabschauender Hund • Berg • Entspannungslage
- **Flow 3**
  Herabschauender Hund • Katze und Kuh • Herabschauender Hund • Entspannungslage
- **Flow 4**
  Herabschauender Hund • Kobra • Katze und Kuh • Herabschauender Hund • Entspannungslage • Herabschauender Hund • Schmetterling • Glückliches Baby • Entspannungslage
- **Flow 5**
  Berg • Baum • Berg • Herabschauender Hund • Kobra • Katze und Kuh • Herabschauender Hund • Schmetterling • Glückliches Baby • Entspannungslage

Wenn dir diese Übungen gefallen, kannst du dich weiter über Yoga informieren, dir YouTube-Videos ansehen oder deine Eltern oder Betreuer bitten, dich bei einem Yogakurs anzumelden.

STILL SEIN

DIE GERÄUSCHE UM DICH HERUM

Geräusche haben die unglaubliche Macht, unsere Stimmung zu beeinflussen. Wenn um dich herum viel los ist, fällt es dir schwer, dich zu konzentrieren und zur Ruhe zu kommen. Und manchmal, wenn es zu ruhig ist, fühlst du dich vielleicht unruhig und gelangweilt.

Denke an den Rhythmus einer Trommel. Je nachdem, wie schnell oder langsam der Takt ist, ist dir zum Tanzen zumute oder du fühlst dich wie in Trance. Empfindest du den Klang einer Flöte anders als den Klang einer Trompete?

Denke an friedliche, ruhige Klänge, bei denen du dich entspannst.

Viele Menschen empfinden Naturgeräusche als erholsam – das Rauschen der Wellen, das Zwitschern der Vögel oder den Wind, der durch die Blätter raschelt. Diese Geräusche haben oft einen Rhythmus oder eine Vibration, die beruhigend wirkt.

Vielleicht hast du eine Lieblingsmusik, die dich glücklich macht und beruhigt – ein klassisches Klavierstück oder ein kreatives Jazzstück, das deine Gedanken abschweifen lässt. Oder vielleicht sind die Gebete in deiner Kirche, deiner Synagoge oder Moschee beruhigend und die friedlichsten Klänge, die du dir vorstellen kannst.

Je nach Stimmung kannst du dich mit fröhlichen, energiegeladenen, friedlichen oder heilenden Klängen umgeben. Es kann hilfreich sein, dir Notizen über die Klänge zu machen, die du magst, und aufzuschreiben, wie du dich dabei fühlst. Wenn im Radio ein Lied läuft, bei dem du vor Freude tanzen möchtest, schreib den Titel auf, damit du ihn das nächste Mal spielen kannst, wenn du eine Aufmunterung brauchst. Wenn es ein Familiengebet gibt, das dir hilft, dich mit deiner Welt verbunden zu fühlen, sag es auf, wenn du dich das nächste Mal einsam fühlst. Eine Playlist mit Klängen, die dich unterstützen, kann einer deiner besten Begleiter im Leben sein.

DIE KRAFT DER STILLE

Einer der kraftvollsten, friedlichsten und sichersten Orte der Welt kann sich direkt in dir selbst befinden. Vielleicht hast du das Gefühl, dass Stille dich verwirrt, dich einsam oder ängstlich macht. Aber das liegt oft daran, dass du nicht an Stille gewöhnt bist.

Du lebst in einer Welt voller Lärm und Ablenkungen: Stimmen, Verkehr, Maschinen, Musik, Fernsehen, Meinungsportale und Social Media. Die einzige Zeit, in der du zur Ruhe kommst, ist hoffentlich nachts, wenn du schläfst. Und das ist die Zeit, in der auch Körper und Geist zur Ruhe kommen.

Es wirkt sich jedoch sehr positiv auf dein Gehirn und deinen Körper aus, wenn du deinem Geist auch im Laufe des Tages eine ruhige Zeit gönnst. Ruhezeiten verändern dein Gehirn so, dass du dich besser konzentrieren kannst, alles positiver siehst, nicht so müde bist und nicht das Gefühl hast, auf alles reagieren zu müssen.

Wenn du still bist, kannst du dich ehrlich fragen, was du eigentlich erreichen und wer du sein willst. Du kannst die Meinungen der anderen und den gesellschaftlichen Druck beseiteschieben, der dir vorgibt, wer du sein solltest, und auf dich selbst hören. Tief in deinem Inneren weißt du, was das Beste für dich ist. In der Stille kannst du lernen, dir selbst zu vertrauen. Und du kannst darüber nachdenken, wie du so leben kannst, wie du es dir wünschst.

ICH BIN

Fühlt es sich manchmal so an, als würde alles in deinen Kopf nur so umherrasen? Auf einen Gedanken folgt der nächste, der wiederum zu einem weiteren Gedanken führt. Hier ist ein Beispiel dafür, wie dieser Teufelskreis abläuft:

Ich bin hungrig.
Ich möchte ein Eis.
Woher kriege ich es?
Ich kann meine Mutter fragen, ob wir zu meiner Lieblingseisdiele gehen.
Aber dort könnte ich meine Freunde sehen, die mich nicht gefragt haben, ob ich mitkommen will.
Warum haben sie mich denn nicht gefragt?
Was stimmt nicht mit mir?

Du siehst, wie ein einfacher Gedanke zu einer Menge anderer Gedanken führen kann, wobei einige von ihnen etwas tiefgründiger sind als nur der Wunsch nach einem Eis. Und oft landest du in Gedankenspiralen, die dazu führen, dass du dich unwohl, ängstlich oder unglücklich fühlst.

Wenn du deine Gedanken verlangsamst, kannst du es besser schaffen, dich nicht von deiner Fantasie oder deinen Sorgen mitreißen zu lassen. Hier ist eine Übung, die du ausprobieren kannst, um weniger zu denken und mehr im Hier und Jetzt zu sein.

Dauer: 5 Minuten
Ort: ein ruhiger Ort

Such dir einen bequemen Platz. Schalte den Fernseher oder die Videospiele aus. Wenn du ein Handy oder ein iPad hast, lege es weg oder stelle den Ton aus.
Es wäre gut, wenn du die Augen schließt, du musst aber nicht. Mach dir auch keine Gedanken bezüglich der Zeit, die du für diese Übung aufwendest. Du kannst die fünf Minuten ungefähr schätzen oder eine Uhr zur Hilfe nehmen.
Atme tief ein. Ein und aus.
Sage dir in Gedanken den Satz: »Ich bin.«
Wiederhole ihn immer wieder: »Ich bin. Ich bin. Ich bin.«
Du kannst die Wörter langsam oder schnell sprechen, je nachdem, wie es für dich am angenehmsten ist. Wiederhole einfach immer wieder »Ich bin«.
Nach einigen Wiederholungen werden deine Gedanken abschweifen. Vielleicht erinnerst du dich an die Hausaufgabe, die du vergessen hast. Oder du denkst an dein bevorstehendes Fußballspiel. Oder du erinnerst dich an etwas Verletzendes, das dein Freund heute Morgen zu dir gesagt hat.
Wo auch immer deine Gedanken hinwandern, entscheide einfach, dass du im Moment nur »Ich bin« wiederholen wirst.
»Ich bin. Ich bin. Ich bin.«
Vielleicht stellst du fest, dass die Wörter jetzt schneller oder langsamer werden. Lass die Wörter tun, was sie tun wollen. Wiederhole sie einfach weiter.
Vergiss nicht, natürlich zu atmen und »Ich bin. Ich bin. Ich bin« zu wiederholen.
Wenn du das Gefühl hast, mit der Übung fertig zu sein, beende sie und atme tief ein und aus. Öffne die Augen.

Wie hat sich diese Meditation angefühlt? Hattest du das Gefühl, dass sich dein Geist beruhigt hat, oder hat der Satz »Ich bin« dazu geführt, dass dir noch mehr Gedanken durch den Kopf gingen?

Das Interessante an dieser Meditation (und an vielen anderen in diesem Buch) ist, dass du jedes Mal, wenn du sie übst, eine andere Erfahrung machen kannst. Vielleicht kamen die Ich-bin-Sätze dieses Mal anfangs sehr schnell, dann wurdest du aber abgelenkt und hast vergessen, sie zu wiederholen. Oder vielleicht kamen sie wirklich langsam und du bist eingeschlafen. Oder du hast dich darauf konzentriert, »Ich bin« zu sagen, die Wörter kamen automatisch und du bist weggedriftet. All diese

Harmonie

Erfahrungen sind normal und natürlich. Dein Geist wird bei jeder Meditation so reagieren, wie er es in diesem Moment nötig hat. Wenn du einschläfst, bedeutet das, dass du mehr Ruhe brauchst; wenn deine Gedanken rasen, ist das ein Zeichen dafür, dass du vielleicht zu viel auf einmal tun willst; wenn es dir leichtfällt, die Wörter zu wiederholen und du wegdriftest, dann wird dein Geist zur Ruhe kommen.

DEIN HARMONIEWORT

Vielleicht hast du ein Lieblingswort oder -gefühl, das du für deine regelmäßige Meditationspraxis verwenden kannst.

In der vorigen Übung hast du versucht »Ich bin« zu wiederholen, aber vielleicht gibt es ein anderes Wort oder einen anderen Satz, der dir Zuversicht und Inspiration gibt und den du gern ausprobieren möchtest. Oder vielleicht gibt es einen Klang, der dich beruhigt und entspannt und den du bei der nächsten Meditation verwenden kannst.

Unterschiedliche Wörter, Sätze und Klänge können unterschiedliche Gefühle in dir auslösen und dir ein unterschiedliches Maß an Ruhe vermitteln. Hier sind einige Ideen für Wörter und Sätze, die du ausprobieren kannst:

Liebe
Frieden
Glücklich sein
Weisheit
Lachen
Harmonie
Kraft
Ich kann
Ich werde geliebt
Ich liebe
Ich sehe
Ich möchte

Du kannst auch einen Spruch aus einem Gebet deiner Religion wählen, der dir ein Gefühl von Frieden und Entspannung vermittelt. Dir sind hier überhaupt keine Grenzen gesetzt!

Dauer: 5 Minuten
Ort: überall

Setze dich bequem hin. Wenn du bequem sitzt, schließe die Augen. Beginne mit zwei tiefen Atemzügen. Ein und aus. Ein und aus.
Wiederhole dein Wort oder deinen Satz. Du kannst es in einem Tempo sagen, das für dich angenehm ist.

Wenn deine Aufmerksamkeit nachlässt, konzentriere dich einfach wieder auf dein Wort oder deinen Satz.
Achte darauf, dass dein Atem langsamer wird und du dich entspannter fühlst. Vielleicht bist du schläfrig. Es kann auch sein, dass deine Gedanken abschweifen, egal wie oft du versuchst, sie wieder auf dein Wort, deinen Satz oder deinen Klang zu lenken.
Wenn du merkst, dass du abschweifst, egal wohin, wiederhole dein Wort einfach noch einmal.
Zum Schluss atme tief ein und beende die Übung. Öffne die Augen.

EINE RUHIGE MAHLZEIT

Hast du auch festgestellt, dass die Mahlzeiten unruhiger und voller Ablenkungen geworden sind? Ob Fernsehen, YouTube, soziale Medien oder ein hektisches Zuhause – selbst essen kann sich dabei chaotisch anfühlen!

Die Mahlzeiten wertzuschätzen ist eine magische und spannende Erfahrung, die du mit deiner Familie oder Freunden machen kannst. Lebensmittel bieten so viele Geschmacksrichtungen – süß, sauer, salzig, bitter. Sie haben unterschiedliche Texturen, von weich bis knusprig, und können je nach Temperatur unterschiedlich schmecken. Sieh dein Essen nicht nur als Treibstoff an, sondern nimm dir die Zeit, jeden Bissen zu genießen. So wirst du entdecken, wie interessant und unterhaltsam Essen sein kann. Diese Übung kannst du mit deiner Familie ausprobieren.

Dauer: 5 bis 10 Minuten
Ort: am Esstisch

Wähle eine Mahlzeit – etwa das Abendessen – und schlage vor, dass alle am Tisch sitzenden Personen fünf bis zehn Minuten lang still essen. Das bedeutet: ohne dass der Fernseher läuft, ohne Handys und ohne Gespräche.
Jeder füllt seinen Teller und hat dann zehn Minuten Zeit, um sein Essen zu betrachten, zu fühlen, zu riechen, zu schmecken und zu essen.
Achte auf die Farben deines Essens.
Rieche das Essen und nimm bei jedem Bissen die Aromen wahr.
Wie ist die Konsistenz deines Essens? Ist es flüssig oder fest? Weich oder knusprig?

Versuche wirklich zu essen, ohne zu sprechen. Spüre nach, ob es sich unangenehm oder natürlich anfühlt.
Wenn du fertig bist, frag die anderen am Tisch, wie diese Erfahrung für sie war.

Wenn du deine Mahlzeit schweigend zu dir nimmst, setzt du deine Sinne ein, um das Essen zu genießen. Vielleicht fällt dir dabei auch auf, für wie selbstverständlich du das Essen normalerweise nimmst. Wenn du diese Übung mit deiner Familie machst, ist das eine gute Möglichkeit, euch verbunden zu fühlen. Es wird euch wahrscheinlich auffallen, dass ihr sonst abgelenkt wart, sowohl von der Mahlzeit als auch von der besonderen Zeit, die ihr zusammen verbringt. Vielleicht stellt ihr fest, dass ihr diese Zeit miteinander genießen könnt, auch wenn ihr nicht miteinander redet.

ABSCHALTEN, BITTE!

Manchmal hilft das Fernsehen beim Entspannen oder um in eine Fantasiewelt abzutauchen. Über die sozialen Medien kannst du sehr einfach mit Freunden und Familie in Kontakt bleiben, bei Videospielen ist deine Kreativität gefordert und du kannst dir die Zeit vertreiben. Wenn man es nicht übertreibt, kann all dies viel Spaß bereiten und unser Leben interessanter machen.

Aber Fernsehen, Videospiele und soziale Medien können unseren Verstand auch austricksen. Sie können dazu führen, dass wir unglücklich werden und den Kontakt zu anderen Menschen und der

Welt um uns herum verlieren. Die Medien bieten uns die Möglichkeit, unseren Problemen und der Welt zu entfliehen, nur dass die Probleme dadurch nicht verschwinden, sondern oft noch schlimmer werden und man sich noch isolierter fühlt. Zu viel Fernsehen kann manchmal dazu führen, dass man sich kaum noch bewegt und die Natur nicht mehr genießt. Videospiele machen Spaß, aber sie können auch süchtig machen und Gewalt als normal erscheinen lassen. Die sozialen Medien können dazu führen, dass man das Gefühl hat, von lustigen Veranstaltungen ausgeschlossen zu sein, weniger Freunde zu haben oder ein langweiligeres Leben zu führen als andere. Wenn man sich in seine Geräte vertieft, merkt man vielleicht gar nicht mehr, wie die Zeit vergeht. Ehe man sich versieht, hat man keine Zeit mehr für die Hausaufgaben oder ist ständig müde.

Ein ausgewogenes Medienverhalten zu lernen wird dir im Leben von Nutzen sein, denn wenn du älter wirst, werden wahrscheinlich noch mehr E-Mails, Textnachrichten, Snapchats, Instagram-Likes und so weiter auf dich einprasseln. Frage ruhig deine Eltern oder jemanden, der älter ist als du, und sie werden dir bestätigen, dass es sehr leicht ist, sich im Medienkonsum zu verlieren.

Hier sind ein paar Tipps, wie du ein besseres Gleichgewicht finden kannst und achtsamer mit den sozialen Medien und anderen Formen der Online- oder TV-Unterhaltung umgehen kannst:

- Begrenze die Zeit, die du vor dem Fernseher oder mit Videospielen verbringst. Vereinbare mit deinen Eltern eine Zeitbegrenzung. Beeindrucke sie, indem du Verantwortung übernimmst, gemeinsam mit ihnen Regeln aufstellst – und sie einhältst!
- Nimm dir Zeit, um jeden Tag zu checken, ob du E-Mails oder Textnachrichten bekommen hast und was in den sozialen Medien los ist. Achte aber darauf, dass du nicht den ganzen Tag über ständig nachschaust.
- Wenn du deine E-Mails und andere Nachrichten abrufst, beantworte sie auch. Wähle dafür zwei bis drei Zeiten am Tag, ansonsten halte aber deine elektronischen Geräte außer Reichweite oder schalte sie aus.
- Wenn du Hausaufgaben machst, lege dein Handy weg und schalte deinen Computer aus. Wenn du während der Hausaufgaben online sein musst, schließe alle Apps oder Browser, die du nicht für deine Hausaufgaben brauchst.
- Wenn du deinen Computer oder dein Handy ständig neben dir liegen hast, wirst du jedes Mal, wenn es piept, in Versuchung kommen, nachzusehen, wer dir schreibt. Schalte dein Handy stumm und alle Benachrichtigungen aus, damit du nicht ständig aufs Display starrst und dir Sorgen machst, du könntest etwas verpassen oder du müsstest sofort auf Nachrichten antworten.

Wenn du deine elektronischen Geräte beiseitelegst, wirst du feststellen, dass du disziplinierter bist und dich weniger von all den Nachrichten ablenken lässt, die auf dich einprasseln!

DIE WOLKEN AM HIMMEL

Es gibt Zeiten, da fühlt man sich vom Leben einfach überfordert. Deine Gedanken rasen. In der einen Minute bist du aufgeregt, in der nächsten traurig. Vielleicht bist du verwirrt, fühlst dich einsam oder von anderen Menschen zu sehr unter Druck gesetzt.

Wenn du dich vom Leben erdrückt fühlst, kann es manchmal hilfreich sein, wenn du dich daran erinnerst, dass du Teil eines größeren Universums bist. Deine Probleme erscheinen dir im Moment vielleicht einzigartig und unlösbar, aber es gab schon ähnliche Probleme und die hast du gelöst. So wie die Wolken am Himmel kommen und gehen, so kommen und gehen auch Probleme und Unsicherheiten. Mach dir bewusst, dass sie auftauchen und wieder verschwinden. Wenn du daran glaubst, dass sich jenseits der Wolken in deinem Kopf ein friedlicher, blauer Himmel befindet, dann wirst du wissen, dass alles wieder in Ordnung kommt.

Die nächste Übung kannst du sowohl in der Stadt als auch auf dem Land machen, du musst dafür nur in den Himmel schauen.

Dauer: 5 Minuten
Ort: ein bequemer Platz im Freien

Für diese Übung brauchst du eine Decke und einen sicheren Platz im Freien, wo du dich auf den Boden legen kannst. Wähle einen Zeitpunkt, an dem die Sonne nicht zu hell scheint (vielleicht abends oder an einem bewölkten Tag). Nimm dir Zeit, um den richtigen Ort zu finden. Er kann im Garten oder in einem Park in der Nähe sein. Wenn du die Übung an einem öffentlichen Ort machst, bitte deine Eltern, eine Freundin oder einen Freund, dich zu begleiten.

Lege die Decke auf den Boden. Lege dich auf die Decke und richte dein Gesicht Richtung Himmel.

Schließe die Augen. Atme tief ein. Und wieder aus. Genieße das Gefühl, entspannt zu sein.

Wenn du bereit bist, öffne die Augen und schaue in den Himmel. Spüre, wie viel Raum zwischen dir und dem Himmel ist. Hat der Himmel ein Ende? Kannst du dir vorstellen, dass der Raum über dir, die Sterne und die Galaxien viel weiter reichen als alles, was du sehen kannst?

Kannst du Wolken sehen? Sehen sie wie Wattebäusche aus oder sind sie dunkel? Sieht es so aus, als könnte es bald regnen? Beobachte, wie die Wolken – langsam oder schnell – am Himmel entlangziehen.

Sie ändern ihre Form und Gestalt und sogar ihre Farbe. Manchmal sieht der Himmel blau aus, manchmal ist er voller Wolken.

Nimm dir einen Moment Zeit und denke darüber nach, wie sehr dieses Schauspiel den Gedanken in deinem Kopf ähnelt. Manchmal sind dort sehr viele Gedanken – genau wie eine dicke Wolkendecke am Himmel. Manchmal bewegen sie sich schnell, manchmal eher langsam. Aber so wie die Wolken am Himmel sind sie immer in Bewegung, sie verändern ihre Form, sie kommen und gehen. Der Himmel ist weiterhin einfach da und erstreckt sich unendlich ins Universum hinaus.

Schaue immer wieder nach oben und hinaus in die Unendlichkeit des Himmels.

Wenn du dich bereit fühlst, schließe deine Augen wieder und atme tief ein.

Das nächste Mal, wenn du dich von Gedanken überflutet fühlst oder zu viel zu tun hast, erinnere dich daran, wie es sich anfühlt, in den Himmel zu schauen. Erinnere dich an die Wolken, die kommen und gehen. Und wenn es dir hilft, gehe nach draußen und schaue einfach wieder in den Himmel. Er wird immer für dich da sein.

MIT DIR SELBST ALLEINE SEIN

Kennst du dieses Gefühl, dass du dich manchmal mitten in einer Menschenmenge befindest und dich trotzdem wie der einsamste Mensch auf der Welt fühlst? Fühlst du dich manchmal sogar so, wenn du mit engen Freunden oder deiner Familie zusammen bist? Bist du manchmal allein zu Hause und langweilst dich, weil du niemanden hast, mit dem du dich austauschen kannst?

Einsamkeit ist etwas anderes als Alleinsein. Einsamkeit ist, wenn du dich traurig und ausgeschlossen fühlst. Wenn du einsam bist, solltest du dich an Freunde und andere liebe Menschen wenden.

Alleinsein kann auch positiv und spannend sein. Wenn man ein Buch liest, ist man meistens allein und betritt eine magische Fantasiewelt. Wenn man schläft, driftet man in eine Welt ab, in der man allein ist, aber trotzdem kann ständig etwas um einen herum passieren.

Wenn du lernst, mit dir selbst zufrieden zu sein, dann wirst du keine Angst vor dem Alleinsein haben. Du wirst wissen, dass es viele lustige und unterhaltsame Dinge gibt, die du allein tun kannst. Du kannst malen, lesen, spazieren gehen oder zu Musik tanzen, die nur du hören kannst. Du kannst dir Geschichten ausdenken, puzzeln oder Zeit damit verbringen, ein Thema zu recherchieren, für das sich niemand sonst interessiert.

Wenn du dich daran gewöhnt hast, dich auch allein wohlzufühlen, dann bist du besser auf Zeiten vorbereitet, in denen du tatsächlich traurig und einsam bist und etwas dagegen tun musst. Du wirst wissen, wann es an der Zeit ist, die Gesellschaft anderer zu suchen. Manchmal braucht es nur ein paar Augenblicke, um sich daran zu erinnern, dass du Teil von etwas bist – Teil deiner Familie, deiner Schule, der Nachbarschaft und deiner Welt.

Es folgt nun eine Meditation, die du machen kannst, wenn du dich einsam fühlst.

Dauer: 2 Minuten
Ort: überall

Setz dich an einen Ort, an dem du dich wohlfühlst. Wähle einen hellen Raum, in dem du sogar die Geräusche der Nachbarn oder anderer geschäftiger Menschen hören kannst.
Wenn du es dir bequem gemacht hast, schließe die Augen.
Richte deine Aufmerksamkeit auf dein Herz und sage Folgendes:
»Ich bin Teil von etwas, das größer ist als ich.
Ich bin Teil von etwas, das größer ist als ich.
Ich bin Teil einer Familie.
Ich bin Teil einer Gemeinschaft.
Ich bin Teil dieses Planeten.
Ich bin.
Ich bin.«
Richte deine Aufmerksamkeit auf dein Herz und denke an etwas, das du tun könntest, um eine andere Person glücklich zu machen. Vielleicht schreibst du einen Brief oder rufst diese entfernte Verwandte oder jenen guten Freund an. Was würde einen anderen Menschen gerade jetzt zum Lächeln bringen?
Atme tief ein und öffne die Augen.

Nimm dir vor, etwas zu tun, um eine Verbindung zu einem anderen Menschen herzustellen und ihn glücklich zu machen. Du wirst dabei feststellen, dass es auch dir hilft, dich besser verbunden und glücklicher zu fühlen!

EINE MEDITATION FÜR UNSEREN PLANETEN

Unser Planet wird oft als Mutter Erde bezeichnet. Mutter Erde versorgt uns mit Nahrung, Wasser und Materialien, mit denen wir Häuser und Möbel bauen können. Sie schenkt uns Regenbögen, Sonnenuntergänge und Orte, die uns durch ihre Schönheit den Atem rauben. Wenn du dich mit Mutter Erde verbunden fühlst, dann bist du geerdet und weißt, dass du zu etwas Großartigem gehörst!

Es folgt eine Meditation, die dir hilft, eine tiefere Verbundenheit mit dem Planeten zu fühlen.

Dauer: 5 Minuten
Ort: ein sicherer Ort im Freien

Suche einen Platz in einem Park oder irgendwo in der Natur, wo du dich gut und sicher fühlst.
Setze dich bequem hin.
Atme tief ein.
Während du die Luft einatmest, danke Mutter Erde dafür, dass sie die Luft liefert, die dich am Leben hält, und dir Energie schenkt. Wenn du ausatmest, denke darüber nach, wie glücklich du dich schätzen kannst, auf diesem wunderbaren Planeten zu leben.
Denke an den Körper des Planeten Erde, an die Berge und Täler, an den Boden unter deinen Füßen.
Denke an die Bäume. Wie unsere Lunge, so atmen auch die Bäume ein und aus.
Denke an die Bäche und Flüsse. In ihnen zirkuliert Wasser, das den Planeten erfrischt, ähnlich wie es der Blutkreislauf in unserem Körper macht.
Stelle dir das Geräusch der Wellen im Ozean vor: das Auf und Ab, wenn eine Welle sich dem Ufer nähert; der gleichmäßige Rhythmus, ähnlich deinem Herzschlag.
Spüre die Luft um dich herum. Ob warm oder kalt, sie versorgt dich mit Energie und Lebenskraft.
Spüre die Sonne auf deiner Haut, wie sie dich wärmt und nährt, immer wieder, jeden Tag, auch wenn sie von den Wolken verdeckt wird.
Stell dir vor, wie Regentropfen auf dich hinabfallen. Sie spülen den Staub und den Stress des Tages weg.
Schau dich noch einmal um und nimm alles in dir auf, was Mutter Erde zu bieten hat.
Spüre die Erde, wie du deinen Herzschlag spürst.

SEI FREUNDLICH ZU DIR SELBST UND ZU ANDEREN

Die meisten Menschen wollen liebevoll und freundlich sein und wünschen sich, dass sie von anderen ebenso behandelt werden.

Manchmal vergessen wir aber, freundlich zu uns selbst zu sein. Das ist normal, denn es ist sehr leicht, sich selbst zu kritisieren. Du kennst deine Schwächen und Unsicherheiten am besten, auch wenn du sie gut vor dem Rest der Welt verbirgst. Vielleicht versuchst du anderen zu beweisen, dass du stärker, klüger oder beliebter bist, als du dich fühlst.

Wenn du mit dir selbst mitfühlend bist, fällt es dir leichter, anderen gegenüber freundlich zu sein. Dann wirst du auch besser verstehen, warum andere nicht immer nett zu dir sind.

Menschen finden Glück und Kontakt durch Liebe und Freundlichkeit, also vergiss nicht, auch zu dir selbst gut zu sein.

Diese Übung, die aus der buddhistischen Tradition stammt, soll dir helfen, dir selbst und anderen gegenüber nett zu sein.

Dauer: 15 Minuten
Ort: ein ruhiger Ort, an dem du laut sprechen kannst

Setze dich bequem hin.
Atme tief ein und aus.
Atme weiter und lege eine Hand auf dein Herz. Spüre, wie dein Herz beim Einatmen Energie aufnimmt. Stell dir vor, wie dein Herz beim Ausatmen verletzte Gefühle oder Stress loslässt.
Sprich mit der Hand auf dem Herzen die folgenden Sätze laut aus:
»Ich möchte sicher und gesund sein.
Ich möchte mich geliebt fühlen.
Ich möchte glücklich sein.
Ich möchte in Frieden leben.«
Denke an jemanden, den du sehr liebst. Vielleicht ist es ein Elternteil, Oma oder Opa, Bruder oder Schwester, eine Freundin oder eine andere Person deines Vertrauens, die dich ebenfalls liebt, egal was passiert.
Stell dir vor, dass diese Person vor dir sitzt.

Mit der Hand auf dem Herzen sprichst du nun die folgenden Sätze laut aus:
»Ich wünsche dir, dass du sicher und gesund bist.
Ich wünsche dir, dass du dich geliebt fühlst.
Ich wünsche dir, dass du glücklich bist.
Ich wünsche dir, dass du in Frieden lebst.«
Denke nun an jemanden, den du zwar kennst, aber nicht besonders gut (etwa an den Postboten oder an eine Verkäuferin). Stell dir diese Person an dem Ort vor, an dem du sie normalerweise siehst.
Deine Hand liegt immer noch auf deinem Herzen, und nun sagst du:
»Ich wünsche dir, dass du sicher und gesund bist.
Ich wünsche dir, dass du dich geliebt fühlst.
Ich wünsche dir, dass du glücklich bist.
Ich wünsche dir, dass du in Frieden lebst.«
Und nun denke an all die Menschen, Tiere, Bäume und Lebewesen auf dieser Welt. Strecke aus echter Liebe im Herzen die Arme aus und wiederhole die Sätze:
»Ich wünsche euch, dass ihr sicher und gesund seid.
Ich wünsche euch, dass ihr euch geliebt fühlt.
Ich wünsche euch, dass ihr glücklich seid.
Ich wünsche euch, dass ihr in Frieden lebt.«
Atme noch einmal tief ein und aus.

WAHRNEHMEN

DIE KRAFT DER WAHRNEHMUNG

Wir sind so gut wie die ganze Zeit in Bewegung. Ob du lernst, spielst, sprichst, liest, läufst oder arbeitest, du kommst nicht zur Ruhe.

Wenn du nachts schläfst, gönnst du deinem Körper hoffentlich eine Pause. Bist du aber in der Lage, deinem Körper und Geist auch tagsüber etwas Ruhe zu gönnen, wirst du bei allem, was du tust, entspannter sein und es fällt dir leichter.

An dieser Stelle kommt die Idee der Achtsamkeit ins Spiel. Achtsamkeit bedeutet, sich dessen bewusst zu sein, was in deinem Körper, Geist und in deiner Umgebung vor sich geht.

Wenn du deinem Körper und Geist Zeit gibst, still zu sein und nichts zu tun, wird dir auffallen, welche erstaunlichen Dinge in dir und um dich herum geschehen. Wenn du dir dessen bewusst bist, wirst du dich entspannter fühlen. Du wirst bessere Entscheidungen treffen, weniger Energie darauf verschwenden, dich um Dinge zu sorgen, die nicht wirklich wichtig sind, und vielleicht findest du sogar neue, einfachere und bessere Wege, deinen Alltag zu gestalten.

WAS PASSIERT INNEN UND WAS AUSSEN?

Bewusste Atemübungen helfen dir, ruhiger zu werden, dich zu erden und deinen Körper ins Gleichgewicht zu bringen. Wenn du das Gefühl hast, dass du eine Situation nicht in den Griff bekommst, wirst du es nach der Übung schaffen. Beobachten, was in dir und um dich herum geschieht, ist ein weiterer wirksamer und einfacher Weg, deinen Körper und Geist fit zu halten. Es erfordert nicht viel, außer der Entscheidung, bewusst wahrzunehmen, was in deinem Körper und draußen in der Welt vor sich geht.

Dauer: 5 Minuten
Ort: überall

Setz dich bequem hin – vielleicht auf dein Bett, in deinen Lieblingssessel, auf Kissen am Boden oder unter einen Baum.
Schließe die Augen und atme tief ein. Ein und aus.
Nimm die Geräusche um dich herum wahr. Vielleicht hörst du deine Geschwister oder deine Eltern, das Ticken der Uhr, das Summen einer Maschine oder das Rauschen der Autos auf der Straße.
Wenn du die Geräusche hörst, ordne sie zu: Meine Schwester. Ein Auto. Meine Uhr.
Atme ein und aus.
Nimm wahr, dass du dich von den Geräuschen unterscheidest, die du hörst.
Atme tief ein und konzentriere dich auf das, was in dir vorgeht, statt auf das, was um dich herum – im Außen – vor sich geht.
Spüre beim Einatmen, wie sich dein Brustkorb hebt und senkt.
Kannst du deinen Herzschlag hören? Kannst du etwas sehen, obwohl deine Augen geschlossen sind? Kannst du deine Gedanken hören?
Wenn du einen Gedanken denkst, benenne ihn: »Das ist ein Gedanke.«
Atme noch einmal ein und aus.
Wenn du so weit bist, öffne die Augen.

Es wird immer Ablenkungen um dich herum geben, aber sie kommen und gehen, sie müssen dich nicht überwältigen. Auch Gedanken kommen und gehen. Du kannst einen Ort in dir finden, der im Durcheinander des Lebens stabil bleibt. Dein Atem ist immer da, um dich aufzufangen, und dein Herzschlag hält den Rhythmus deines Lebens in dem Tempo, das du dir wünschst. Vertraue einfach dir selbst.

DAS SAGT DIR DEIN KÖRPER

Dein Körper kann dir viel über deine Gefühle und deine Gesundheit sagen. Vielleicht hast du ein ungutes Gefühl im Magen, wenn eine Prüfung oder ein großer Wettbewerb ansteht. Vielleicht sind deine Schultern verspannt. Oder dein Herz schlägt schneller und du fängst an zu schwitzen, wenn du zum ersten Mal in eine neue Klasse gehst oder vor der Klasse sprechen musst.

Wenn du darauf achtest, wie dein Körper auf bestimmte Situationen reagiert, kannst du herausfinden, wie du dich beruhigen kannst.

Der erste Schritt besteht darin, in deinen Körper hineinzuhören, zunächst einmal, wenn du gerade einen ruhigen Moment hast. In der folgenden Übung kannst du lernen, dir deinen Körper bewusst zu machen. Sie kann dir in Situationen helfen, in denen du nervös oder angespannt bist.

Dauer: 10 Minuten
Ort: ein ruhiger Ort mit Platz zum Hinlegen

Such dir einen bequemen Platz und lege dich hin.
Schließe die Augen. Wenn du während dieser Übung einschläfst, ist das auch okay. Es bedeutet, dass du müde bist und dein Körper mehr Ruhe braucht. Sonst bleib aber wach und versuche verschiedene Teile deines Körpers wahrzunehmen.
Atme tief ein und aus. Noch einmal. Ein und aus.
Richte deine Aufmerksamkeit auf deine Zehen. Ziehe sie fest zusammen und strecke sie dann wieder aus. Atme tief ein und stell dir vor, wie deine Zehen die Luft einatmen und sie dann loslassen.
Lenke deine Aufmerksamkeit auf deine Füße und Knöchel. Bewege sie ein wenig hin und her; drehe sie im Kreis in die eine und dann in die andere Richtung.
Richte deine Aufmerksamkeit auf deine Waden und gehe hoch bis zu den Knien. Du kannst deine Beine ruhig beugen und strecken. Spüre deine Knie, während du ein- und ausatmest.
Verlagere deine Aufmerksamkeit auf deine Oberschenkel und den Beckenbereich. Kannst du beim Ein- und Ausatmen die Luft dort, unterhalb deines Bauches, spüren?
Richte deine Aufmerksamkeit auf deinen Bauch und atme zweimal tief ein und aus. Ein und aus. Nimm wahr, wie sich deine Bauchdecke beim Einatmen hebt. Und wie sie absinkt, wenn du ausatmest.

Lenke deine Aufmerksamkeit auf dein Herz. Kannst du deinen Herzschlag spüren? Bleib ruhig liegen. Spürst du ihn? Atme ein und aus.
Richte als Nächstes deine Aufmerksamkeit auf deinen Nacken und deine Schultern. Bewege deinen Kopf von einer Seite zur anderen. Schaue nach links und dann nach rechts. Und noch einmal.
Richte deine Aufmerksamkeit auf deine Hände. Balle deine Finger zu einer festen Faust, lass sie dann los und strecke die Finger ganz lang. Atme ein und aus. Stelle dir vor, dass deine Finger Luft einatmen und sie dann wieder ausatmen, wenn du sie entspannst.
Lenke deine Aufmerksamkeit auf deine Ellbogen, beuge und strecke sie. Atme ein und aus.
Komme schließlich zurück zu Nacken und Schultern. Bewege deinen Kopf nach links und rechts. Und noch einmal nach links und nach rechts. Atme ein und aus.

Nun richte deine Aufmerksamkeit auf die Art, wie du die Welt wahrnimmst.
Konzentriere dich auf deine Zunge. Bewege sie in deinem Mund und lass sie dann über die Zähne streichen.
Öffne den Mund und atme ein, halte kurz inne und atme über den Mund wieder aus.
Schließe den Mund und nimm den nächsten Atemzug durch die Nase. Atme ein und aus. Ein und aus. Spüre, wie die Luft in deine Nase und dann in die Lungen strömt.
Lenke deine Aufmerksamkeit auf die geschlossenen Augen. Lass sie geschlossen und spüre, wie es sich anfühlt, wenn deine Augen eine Pause machen. Kannst du mit geschlossenen Augen etwas sehen?
Atme ein und aus.
Richte deine Aufmerksamkeit auf deine Ohren. Was hörst du in diesem Moment, wenn du ein- und ausatmest?
Richte deine Aufmerksamkeit auf die Stelle zwischen deinen Augenbrauen. Atme ein und aus.
Lenke deine Aufmerksamkeit auf deinen Scheitel. Stell dir den Raum über deinem Kopf vor, während du ein- und ausatmest. Ein und aus.
Versuche nun, deine Aufmerksamkeit auf deinen ganzen Körper zu richten, während du ein letztes Mal tief ein- und ausatmest.
Öffne die Augen. Bevor du aufstehst, bedanke dich bei deinem Körper. Er verdient Wertschätzung dafür, wie er dir jeden Tag dient, während du deine Erfahrungen in der Welt machst.

NIMM WAHR, WAS DU ISST

Du isst, um dein Gehirn und deinen Körper zu nähren und um Energie zu gewinnen, damit du tagsüber aktiv sein kannst. Oft essen wir jedoch schnell und nehmen uns nicht die Zeit, den Geschmack des Essens wahrzunehmen. Die folgende Übung hilft dir, auf die verschiedenen Geschmacksrichtungen zu achten und langsamer zu essen statt zu schlingen.

Dauer: 10 Minuten
Ort: Küche oder Esszimmer

Bevor du anfängst, wähle drei Lebensmittel, die unterschiedlich schmecken und eine unterschiedliche Beschaffenheit haben. Zum Beispiel:

- einen Cracker oder ein Stück Brot
- eine Weintraube, eine Erdbeere, ein Stück Apfel oder eine Banane
- ein Stück Schokolade
- eine Rosine
- eine Karotte, eine rote Paprikaschote oder ein Blatt Salat

Lege die Lebensmittel vor dich hin. Zunächst schaust du sie dir einfach nur an. Achte auf die einzelnen Farben. Beachte, wie bunt Lebensmittel sein können. Schau dir auch an, welche Lebensmittel glatt oder rau sind.
Befühle sie nun mit den Händen (achte darauf, dass sie sauber sind!). Fühlen sich einige Lebensmittel weich und andere hart an? Sind sie glatt oder geriffelt?
Rieche nun an den Lebensmitteln. Welche Lebensmittel riechen süß und welche sauer?
Nimm eines der Lebensmittel und stecke es in den Mund oder beiße ein Stück ab. Bevor du anfängst zu kauen, nimm mit der Zunge den Geschmack wahr. Kaue langsam. Schmilzt der Bissen schnell in deinem Mund oder musst du mehrmals kauen, bis er weich ist? Schmeckt es dir? Sehr? Warum oder warum nicht?
Stecke nun das zweite Lebensmittel in den Mund oder beiße ein Stück ab. Kaue wieder langsam und nimm den Geschmack genau wahr. Schmeckt es anders als das erste? Worin unterscheiden sie sich?
Nimm das dritte Lebensmittel und wiederhole die Schritte.
Nachdem du alle drei Lebensmittel gegessen hast, denke darüber nach, wie du sie erlebt hast. Hat dir eins besser geschmeckt als das andere? Warum oder warum nicht?

ACHTE AUF DEINE INNERE STIMME

Was du sagst, sowohl in Gedanken als auch zu anderen, zeigt, wie du die Welt siehst.

Manchmal ist es leicht, sich selbst herunterzumachen. Vielleicht denkst du dann: »Ich bin nicht gut genug, um in der Sportmannschaft zu spielen« oder »Niemand mag mich, weil ich nicht klug oder hübsch genug bin«. Wenn du dir immer wieder Negatives einredest, fängst du an, dich so zu verhalten, als sei es wahr; du fängst an, an das Negative zu glauben. Wenn du dich selbst kritisierst oder dich ständig bei anderen beschwerst, kann es sein, dass sich andere Menschen über dich ärgern oder dich negativ sehen.

Manchmal glauben Kinder, dass es cool ist, andere schlechtzumachen, aber denk daran, dass sie das nur deshalb tun, weil sie mit sich selbst nicht zufrieden sind.

Probiere mal aus, immer nur Positives zu sagen, um herauszufinden, ob sich dein Leben und deine Beziehungen dadurch verändern.

Es folgt nun ein Spiel, das du mit einem Freund, deiner Schwester oder deinem Bruder oder sogar mit deinen Eltern spielen kannst. Das Ziel ist, dass du dir deiner Gedanken und dessen, was du zu anderen sagst, bewusst wirst. Vielleicht hast du auch Spaß daran, es allein zu spielen.

Dauer: 1 Stunde oder ein ganzer Tag!
Ort: überall

Nimm dir vor, eine Stunde lang (oder einen ganzen Tag) nichts zu kritisieren und dich nicht zu beschweren – weder in Gedanken noch bei jemand anderem.
Wann immer jemand, der dieses Spiel spielt (einschließlich du selbst), etwas kritisiert oder sich beschwert, bekommt diese Person einen Punkt. (Du musst ehrlich sein und vor der anderen Person zugeben, was in deinem Kopf vor sich geht. Wenn du das Spiel mit deinen Eltern spielst, achte auch auf ihre Worte!)
Wer hat am Ende der Stunde oder des Tages die wenigsten Punkte? Und noch wichtiger: Denk darüber nach, ob du dich anders gefühlt hast. War es schwer oder leicht, sich nicht zu beschweren? Weder dich selbst noch jemanden sonst zu kritisieren? Ist dir womöglich aufgefallen, dass du dazu neigst, sofort zu kritisieren und dich zu beschweren, ohne zuerst darüber nachzudenken?

Wenn dir dein innerer Dialog bewusster wird, wirst du bemerken, wie das, was du zu dir selbst und zu anderen sagst, deine Stimmung verändern kann. Wenn du dir sagst »Ich bin müde«, dann wirst du dich müde fühlen. Wenn du sagst »Ich bin nicht schlau«, dann wirst du dich auch nicht so fühlen. Wenn du dir aber sagst »Ich bin froh«, dann wirst du Gründe finden, froh zu sein. Wenn du dir sagst »Ich liebe und habe geliebte Menschen um mich«, dann wirst du die engen Beziehungen, die du in deinem Leben hast, zu schätzen wissen.

ACHTE DARAUF, WIE DU MIT ANDEREN SPRICHST

Was du zu anderen sagst und wie du dich ihnen gegenüber verhältst, kann sie glücklich oder traurig machen. Manchmal machst du vielleicht eine beiläufige Bemerkung über die Kleidung oder die Schuhe von jemandem – etwa: »Diese Schuhe sind wirklich crazy«. Und dabei merkst du nicht, dass deine Aussage diese Person ziemlich verletzt. Sie könnte beschließen, die Schuhe nie wieder zu tragen, auch wenn du es gar nicht böse gemeint hast.

Wenn du jemandem deine Meinung sagst oder etwas zu einem Beitrag in den sozialen Netzwerken schreibst, mit Freunden oder Geschwistern sprichst, solltest du aufmerksam sein. Nimm dir einen Moment Zeit, um darüber nachzudenken, ob das, was du sagst, nett und hilfreich ist oder ob deine Worte negativ verstanden werden könnten. Sei dir darüber bewusst, was du sagst und wie es auf andere wirkt. Das Wichtigste ist: **DENKE** nach, bevor du sprichst. Frage dich: »Ist das, was ich sage,

Dienlich?
Ehrlich?
Notwendig?
Kreativ?
Erfreulich?

Mit etwas Übung wirst du bald die Macht deiner Worte erkennen! Du wirst auch feststellen, dass die Menschen um dich herum dann lieber mit dir zusammen sind, dich als guten Freund oder gute Freundin betrachten und in Zukunft vielleicht deine ehrliche Meinung erfahren wollen, weil sie wissen, dass du auf ihre Gefühle Rücksicht nimmst.

Halte einen Moment inne

Wenn du schon einmal in einer stressigen Situation warst, weißt du, wie sich das anfühlt. Dein Herz beginnt zu rasen und du gerätst in Panik. Vielleicht hast du verschlafen – du wolltest beim Frühstück noch für den Geschichtstest lernen und jetzt hast du keine Zeit mehr! Oder du willst für deinen Tanzauftritt proben und kannst dich plötzlich nicht mehr an die Schritte erinnern.

Wenn du in Panik gerätst, hilft es tatsächlich, erst einmal innezuhalten. Stell dir vor, du fühlst dich gerade schlecht, weil du erfahren hast, dass deine Freundin eine Pyjamaparty macht und dich nicht eingeladen hat. Dir ist ganz schwer ums Herz, du hast vielleicht sogar das Gefühl, weinen zu müssen.

Hier ist ein Tipp, der dir helfen kann, mit schwierigen Situationen umzugehen. Du kannst ihn immer anwenden, wenn du in Panik gerätst. Denke dann einfach: **HALT**!

Halte inne.
Atme dreimal tief ein und aus.
Lausche deinen Gedanken und deinem Körper.
Traue dich zurück in die Situation.

Diese Übung kann dir nicht den Schmerz oder die Angst nehmen, aber sie wird deinen Körper und dein Gehirn so stärken, dass du besser mit der Situation fertigwirst. Sie wird dir helfen, dich auf das zu konzentrieren, was getan werden muss.

Das Innehalten kann dich auch davon abhalten, etwas Gemeines zu deiner Freundin zu sagen und sie zu verletzen, nur weil du dich verletzt fühlst. Du wirst vielleicht erkennen, dass sie weiterhin deine Freundin ist, auch wenn sie dich zu diesem Abend nicht eingeladen hat. Oder du stellst in aller Ruhe fest, dass eure Freundschaft gar nicht so ist, wie du dachtest, und dass du etwas ändern musst.

Wenn du erst einmal innehältst, bevor du handelst oder etwas sagst, ist die Wahrscheinlichkeit geringer, dass du mit »Kampf oder Flucht« reagierst. Stattdessen kannst du achtsam sein und bessere Lösungen finden.

Prüfungsangst?

Du hast richtig viel für diese Arbeit gelernt, aber sobald du an Ort und Stelle bist, grummelt es in deinem Bauch wie verrückt! Deine Hände schwitzen und vielleicht zitterst du sogar ein bisschen. Du denkst: »Klassenarbeiten sind das Allerschlimmste, ich werde das ganz sicher nicht schaffen!«

Das ist der Moment, an dem du ein paar Mal ein- und ausatmen solltest. Mach dir klar, dass du dein Bestes geben wirst und dass dies in Ordnung ist.

Wenn du Prüfungsangst hast, solltest du Folgendes tun, um deinen Körper und Geist zu entspannen:

- Lege eine Hand auf das Papier mit den Aufgaben.
- Atme tief ein und zähle bis drei. Eins, zwei, drei.
- Puste die Angst aus, während du wieder bis drei zählst. Eins, zwei, drei.
- Und nun sagst du dir mit der Hand auf dem Blatt Papier: »Ich schaffe das!«
- Und los geht's!

WENN SICH ETWAS VERÄNDERT

In den nächsten Jahren wirst du viele Übergänge erleben. Dein Körper wird sich verändern. Du wechselst vielleicht von der Grund- in die Mittel- oder Oberschule. Vielleicht trittst du einer neuen Sportmannschaft oder einem Tanz- oder Theaterkurs bei. Deine Freunde scheinen anders zu sein oder du möchtest neue Leute kennenlernen. Auch in deiner Familie kann es Veränderungen geben.

Wenn du Veränderungen durchmachst, kann sich deine ganze Welt wackelig und instabil anfühlen. Vielleicht weißt du nicht, an wen du dich wenden kannst, weil du das Gefühl hast, dass sich auch die Menschen in deinem Leben verändern.

Hier ist eine Übung, die dir helfen kann, dich an etwas Wichtiges zu erinnern: Auch wenn Dinge sich verändern und im Fluss sind, so ist der innere Teil von dir – deine Seele – immer gleichbleibend da.

Dauer: 15 Minuten
Ort: überall

Setz dich bequem hin. Es kann hilfreich sein, die Augen zu schließen.
Atme tief ein. Atme ein. Halte inne. Atme aus.
In dieser Meditation wirst du dich auf die Pause zwischen den Atemzügen konzentrieren.
Richte deine Aufmerksamkeit auf dein Herz, und während du gleichmäßig atmest, spürst du diesen ruhigen, friedlichen Raum, wenn du innehältst: Atme ein. Halte inne und nimm wahr, wie friedlich sich das anfühlt. Atme aus.
Und nun denke daran, was du getan hast, bevor du dich zum Meditieren hingesetzt hast. Mit wem hast du gesprochen, woran hast du gedacht? Während du es im Kopf noch mal durchspielst, spüre einen Moment lang nach, wie du dich dabei gefühlt hast. Sieh dich selbst atmen und nimm die Pause zwischen den Atemzügen wahr, während du dir bewusst machst, was du heute getan hast.
Gehe zurück zu heute Morgen, als du gefrühstückt hast. Sieh das Essen, die Personen, die am Tisch saßen, was du getan hast oder worüber ihr gesprochen habt. Spüre, wie du atmest, und beachte die Pause zwischen den Atemzügen.
Nimm dir einen Moment Zeit und erkenne, dass du in diesem Moment dieselbe Person bist, die du warst, bevor du dich zum Meditieren hingesetzt hast. Auch vor dem Frühstück heute Morgen warst du dieselbe Person. In der Pause zwischen den Atemzügen kannst du dein wahres Ich spüren.
Gehe in Gedanken eine Woche zurück und erinnere dich an etwas, das du getan hast – etwa Fußball spielen oder eine Prüfung schreiben. Während du dich an diesen Moment erinnerst, verbinde dich mit der Pause zwischen deinen Atemzügen. Letzte Woche warst du dieselbe Person wie jetzt auch.
Erinnere dich an ein Ereignis aus dem letzten Jahr. Deine Geburtstagsparty zum Beispiel. Verbinde dich wieder mit der Pause zwischen deinen Atemzügen, während du das Ereignis vor deinem inneren Auge wiederholst. Spüre dein Ich, das dieses Ereignis erlebt.
Erinnere dich an eine Zeit, als du ein Baby warst. Stell dir vor, wie es war, von deiner Mutter gehalten zu werden oder zu krabbeln und die Welt zum ersten Mal zu erkunden. Verbinde dich mit der Pause zwischen deinen Atemzügen, während du dich erinnerst – in dieser Pause, in diesem Raum zwischen den Atemzügen, bist du dieselbe Person wie damals.
Höre nun auf zu denken und atme ein und aus. Ein. Pause. Aus. Denke an die Pause.

Entscheide jetzt, dass du dich daran erinnern wirst, wie sich dieser Moment gerade anfühlt, während dein Leben weitergeht.
Das ist dein wahres Ich – deine Seele; der Teil von dir, der immer bei dir bleibt.
Egal, was sich außen ändert, du kannst diesen Teil von dir immer finden – in den Pausen zwischen deinen Atemzügen. Lass ihn dein Anker sein. Auch wenn Veränderungen schwer sein mögen – du bleibst in jeder Situation standhaft.

HÖRE BEWUSST ZU

Wenn du mit anderen Menschen sprichst, dann redet ihr normalerweise abwechselnd und hört euch gegenseitig zu. Manchmal kann es aber auch vorkommen, dass du etwas sagst, aber das Gefühl hast, die andere Person hört dir gar nicht richtig zu. Überlege, ob du dich möglicherweise selbst so verhältst. Jemand teilt dir vielleicht etwas Wichtiges mit, aber du denkst gerade an etwas anderes und hörst nicht wirklich zu. Oder du glaubst, du kannst helfen, indem du deine Gedanken mitteilst, dabei braucht die andere Person nur ein offenes Ohr, möchte aber gar keine Meinung oder keinen Ratschlag.

Wenn du anderen richtig zuhörst, hörst du mehr. Du kannst sogar über ihre Worte hinaus spüren, was sie dir sagen wollen. Du erfährst mehr und fühlst dich verbundener. Damit bist du anderen ein Beispiel, ebenfalls besser zuzuhören.

Bewusstes Zuhören erfordert Übung. Wenn du dir darüber bewusst wirst, wie du zuhörst, wirst du ganz erstaunt sein, wenn du deine Körpersprache beobachtest. Vielleicht merkst du dabei, wie leicht es ist, andere zu unterbrechen. Du beginnst auch die Stimmungen und Gründe deines Gegenübers aus seinen Worten herauszuhören. Und du nimmst die Menschen in deiner Umgebung aufmerksamer wahr!

Bitte ein Elternteil, deinen Bruder, deine Schwester oder eine Betreuungsperson, die folgende Übung zum bewussten Zuhören mit dir auszuprobieren.

Dauer: 5 Minuten
Ort: überall

Dein Gespräch sollte in einer ruhigen Umgebung stattfinden. Schalte das Radio oder den Fernseher aus, klappe den Laptop zu und schalte dein Handy aus. Bitte die Person, mit der du die Übung machst, ebenfalls ihre elektronischen Geräte wegzulegen.

Sag ihr, dass du zunächst nur zuhören wirst, während sie spricht. Bitte sie, dir etwas zu erzählen, was ihr am Tag passiert ist. Und während sie dir ihre Geschichte erzählt, unterbrichst du sie nicht. Du sagst nichts, nicht einmal Ja oder Nein, und du nickst auch nicht. Höre einfach nur ganz aufmerksam zu. Höre dir ihre Geschichte an und versuche zu verstehen, wie sie sich fühlt.

Wenn sie fertig ist, tauscht ihr die Rollen.

Bitte sie, deiner Geschichte zuzuhören. Bitte sie, dich nicht zu unterbrechen und nur zuzuhören.

Wenn ihr beide eure Geschichten erzählt habt, könnt ihr darauf eingehen und eure Gedanken austauschen – und euch gegenseitig sagen, wie ihr euch fühlt.

Es ist wichtig, dass du das aufmerksame Zuhören in verschiedenen Situationen übst. Finde heraus, ob sich dein Umgang mit Freunden, Lehrerinnen und anderen Menschen in deinem Leben verändert, wenn du innehältst und zuhörst, bevor du antwortest.

EINE ANDERE SICHTWEISE

Manchmal kann es enttäuschend sein, wenn du fest an etwas glaubst, und eine Freundin, ein Lehrer, deine Eltern oder auch eine fremde Person stimmen dir nicht zu. Vielleicht habt ihr zwar dieselben Informationen, aber dennoch unterschiedliche Gefühle, Meinungen oder Pläne, wie es weitergehen soll!

Im Folgenden findest du eine alte Geschichte, die dir vielleicht helfen kann, besser zu verstehen, dass Menschen unterschiedliche Sichtweisen zu ähnlichen Themen haben – und dass dies völlig in Ordnung ist.

Vor langer Zeit, weit weg, lebten in einem Dorf fünf blinde Männer. Sie galten als sehr weise, weil sie in der Lage waren, andere Menschen und Situationen zu verstehen, indem sie ganz aufmerksam zuhörten. Sie hörten Geschichten von den Reisenden, die durch ihr Dorf kamen, und gaben ihnen dann viele gute Tipps für ihr Leben.

Es gab jedoch einen Streit, den sie schon seit Jahren führten. Sie hatten von Elefanten gehört, die durch die Wälder trampelten, riesige Baumstämme tragen und so laute Geräusche machen konnten, dass die Menschen, selbst wenn sie weit weg waren, einen Schreck bekamen. Aber sie wussten auch, dass der König seine Tochter auf einem Elefanten reisen ließ. Also stritten sie sich darüber, ob der Elefant ein bösartiges oder ein sanftes Tier sei. Sie stritten und stritten jahrelang, bis die Dorfbewohner für sie einen Besuch im Palast vereinbarten, damit sie endlich einmal selbst einen Elefanten treffen konnten.

Der erste Blinde näherte sich dem Tier, betastete sein Bein und sagte: »Er ist wie ein Baum. Fühle, wie fest er mit dem Boden verwurzelt ist. Ich hatte also recht. Es ist ein starkes und wildes Tier.«

Der zweite Blinde befühlte den Schwanz des Elefanten, streichelte ihn und sagte: »Du liegst falsch! Der Schwanz ist wie ein dünnes Stück Seil! Er kann unmöglich Schaden anrichten.«

Der dritte Blinde ertastete den Rüssel des Elefanten, sprang zurück und sagte: »Gütiger! Dieses Tier ist wie eine große, mächtige Schlange! Der König muss verrückt sein, die Prinzessin in die Nähe dieser Kreatur zu lassen!«

Der vierte Blinde fasste einen Stoßzahn an, wich ebenfalls zurück und sagte: »Er ist wie ein Speer, scharf und mächtig! Ich stimme meinem Freund zu, dass er zu gefährlich ist.«

Der fünfte Blinde betastete das Ohr des Elefanten, lächelte und sagte: »Oh, wie schön! Es ist wie ein Fächer, der unsere Prinzessin kühlen und beruhigen kann. Wie wunderbar!«

Die Weisen waren nun noch verwirrter als zuvor und stritten immer lauter. Sie machten einen solchen Aufruhr, dass der König aus seinem Schläfchen erwachte und sich zu ihnen gesellte. Als er sich ihre Erklärungen über den Elefanten anhörte, lachte er und sagte freundlich: »Ihr habt jeder nur einen Teil des Tieres berührt. Wenn ihr die Teile zusammenfügt, werdet ihr sicher das Ganze sehen können.«

Die Weisen verstummten und dachten über die Worte des Königs nach. Auf ihrem Heimweg hörten sie einander zu, setzten die Teile, die jeder ertastet hatte, zusammen und erkannten, was für ein großartiges Geschöpf ihnen begegnet war.

Im Folgenden findest du eine Übung, die dir helfen kann zu verstehen, wie es zu unterschiedlichen Sichtweisen kommen kann. Sie ist eine gute Erinnerung daran, dass jeder die Informationen auswählt, die am meisten dem entsprechen, wie er die Welt sieht.

Dauer: **10 Minuten**
Ort: **überall**

Nimm ein Blatt Papier und einen Stift und zeichne einen Elefanten. Keine Sorge, du musst dafür kein Künstler sein.
Nähere dich in deiner Vorstellung dem Elefanten und befühle vorsichtig seinen Rüssel. Wie fühlt er sich an? Schreibe deine Antwort auf.
Fahre nun mit der Hand an einem der Stoßzähne aus Elfenbein entlang. Wie würdest du ihn beschreiben?
Versuche, eines seiner Beine zu umarmen. Schaffst du es? Wie groß fühlt es sich an?
Streichle sein großes, weiches Ohr. Wie würdest du beschreiben, was du da berührst?
Fühlst du seinen langen Schwanz, mit den Haaren am Ende? Erinnert er dich an etwas?
Und nun schau dir an, was du notiert hast. Beschreibt eine deiner Notizen für sich genommen den Elefanten?

Zu lernen, mit verschiedenen Sichtweisen umzugehen, ist vielleicht eine der wichtigsten Stärken, die du entwickeln kannst. Wenn du älter wirst, wirst du erkennen, dass Menschen unterschiedlich auf dieselbe Situation reagieren und dass sie verschiedene religiöse, politische und soziale Ansichten haben. Die meisten Menschen glauben aufgrund ihrer Erfahrungen fest an ihre Sichtweise. Du könntest eine wichtige Verbindung zwischen Menschen sein und ihnen, wie der König in dieser Geschichte, helfen zu verstehen, warum es viele verschiedene Standpunkte geben kann.

VERTRAUE DEINER INNEREN STIMME

Jeder von uns verspürt manchmal den Druck einer Gruppe, Dinge zu tun, um sich anzupassen. Das ist ganz normal, du willst schließlich gemocht werden. Du willst nicht dumm dastehen, die anderen sollen denken, dass du cool bist. Und du möchtest Freunde haben.

Aber wann immer du etwas tust, das dir nicht richtig vorkommt, ist dir klar, dass du dich dabei nicht gut fühlst. Vielleicht schämst du dich, etwas deinen Eltern zu erzählen, oder du fühlst dich deswegen schuldig. Diese Gefühle können sich aufstauen und für Stress sorgen.

Erinnere dich bei der nächsten Übung daran, dass du gut genug bist, dass du die Antworten auf deine Fragen kennst und die Kraft hast, das zu tun, was richtig ist und was du gerne tun möchtest.

Dauer: 2 Minuten
Ort: überall, wo es einen Spiegel gibt

Stell dich vor einen Spiegel in deinem Zimmer oder im Bad oder halte einen Handspiegel hoch.
Betrachte dich im Spiegel. Nimm Augenkontakt mit dir selbst auf.
Sage die folgenden Sätze:
Ich bin niemandem unterlegen und niemand ist mir unterlegen.
Ich bin unabhängig von der guten oder schlechten Meinung der anderen.
Ich traue mir selbst zu, die richtigen Entscheidungen für mich zu treffen.
Schaue dir tief in die Augen und erkenne, dass diese Sätze wahr sind.
Atme tief ein und aus und lasse diese Sätze auf dich wirken.

Wenn du dich also das nächste Mal in einer Situation befindest, in der du dich dazu gedrängt fühlst, etwas zu tun, das sich nicht richtig anfühlt, atme tief ein. Erinnere dich an diesen Moment vor dem Spiegel und frage dich: »Was ist die richtige Entscheidung für mich?« Dann wirst du in der Lage sein, dich richtig zu entscheiden, und dich dabei gut fühlen.

SO SCHÜTZT DU DICH VOR MOBBING

Wie du dich der Welt zeigst, sagt etwas darüber aus, wie du dich von anderen behandeln lässt. Leider schikanieren Menschen, die mit sich selbst unzufrieden sind, oft andere, weil sie so ihre eigene Unsicherheit überspielen wollen.

Wenn du darauf achtest, wie du dich verhältst, und deine Umgebung bewusst wahrnimmst, kann das ein wichtiger Schritt sein, um Menschen zu meiden, die gemein und verletzend handeln.

Und es kann dich davor bewahren, selbst ein Mobber zu werden! Beachte im Laufe des Tages Folgendes:

- Achte auf deine Körpersprache. Gehe aufrecht, mit erhobenem Kopf. In Gedanken kannst du diesen Satz wiederholen: »Ich bin niemandem unterlegen.«
- Achte darauf, wo du dich aufhältst. Vermeide es, allein an Orten zu sein, wo Mobber dich finden und angreifen könnten.
- Achte darauf, wie du auf andere reagierst. Mobber fühlen sich mächtig, wenn sie sehen, wie sich ihre Opfer aufregen. Wenn du weißt, was dich aufregt, kannst du darauf achten, welchen Teil deiner Gefühle du nach außen zeigst. Du kannst dem Mobber seine Überlegenheit nehmen, wenn du auf seine Worte oder sein Tun nicht emotional reagierst.
- Sei dir der Macht deiner Stimme bewusst. Wenn du dich einem Mobber gegenübersiehst und nicht weglaufen kannst, benutze deine Stimme. Die meisten Mobber wollen, dass du Angst vor ihnen hast. Versuche ihn zu fragen, worüber er sich aufregt oder warum er seine Macht auf diese Weise zeigen muss. Vielleicht verwirrst du ihn so sehr, dass er aufhört und verschwindet.
- Bitte um Hilfe. Du musst dich nicht allein mit einem Mobber auseinandersetzen. Bitte einen Lehrer oder eine Lehrerin (vielleicht gibt es an deiner Schule ja sogar eine Vertrauenslehrerin) oder einen anderen vertrauenswürdigen Erwachsenen dir zu helfen, eine Lösung für das Problem zu finden. Du musst und sollst nicht schweigen, wenn du gemobbt wirst.

Wenn du tief in deinem Inneren weißt, dass du manchmal selbst ein Mobber bist, frage dich: »Warum tue ich das?« Sei ehrlich. Fühlst du dich dadurch stärker? Fühlst du dich danach schuldig? Schuldgefühle erzeugen Stress, durch den du dich nie gut fühlen wirst und der dich nicht mit dir selbst zufrieden sein lässt.

Das Wichtigste: Fühlst du dich dadurch glücklich und zugehörig? Du kannst dein Verhalten jederzeit ändern, und die Menschen werden dich dafür respektieren, dass du das Richtige tust

FRAGEN STELLEN

DEINE VORSÄTZE

Ein Vorsatz drückt etwas aus, das du in deinem Leben erreichen willst.

Vielleicht wünschst du dir bestimmte Dinge, wie ein neues Lego-Set oder ein Fahrrad. Oder du möchtest mit deiner Familie verreisen, ein Konzert besuchen oder deine Lieblingssportmannschaft spielen sehen.

Vielleicht hast du auch ein bestimmtes Ziel, etwa eine gute Note in einem Test oder den Sieg in einem Spiel.

Aber ein Vorsatz ist etwas anderes als ein Ziel, das du abhaken kannst, wenn du es erreicht hast. Er entspricht eher dem, was du in deinem ganzen Leben fühlen möchtest. Zum Beispiel:

- glücklich sein
- sich geliebt fühlen
- begeistert sein
- wertgeschätzt werden
- gehört werden

Welche Gefühle hättest du gern in deinem Leben? Notiere sie auf einem Blatt Papier oder in dein Tagebuch. Du kannst auch Farben nehmen und Bilder malen, die diese Gefühle repräsentieren.

Vorsätze entstehen aus unseren tiefsten Wünschen – deshalb ist es so wichtig darüber nachzudenken, was du in deinem Leben wirklich willst. Wenn du etwa viele Freunde haben möchtest, hast du die Absicht, dich mit anderen zu verbinden.

Wenn du einen Vorsatz hast, konzentrierst du dich darauf, ihn zu verwirklichen. Wenn du Kontakte finden willst, nimm deinen Mut zusammen und sprich andere Kinder an, setze dich beim Mittagessen zu einer anderen Gruppe oder lade jemanden zum Spielen ein. Vorsätze führen zu Handlungen und so entsteht das Leben, das du dir wünschst!

Wie funktioniert ein Vorsatz?

Stell dir vor, du pflanzt einen Samen in einen Garten. Du weißt vielleicht, dass aus dem Samen ein Rosenstrauch wächst, aber nicht genau, wie die Rosen aussehen werden, wenn sie blühen.

Du gräbst ein Loch in die Erde und bereitest den Boden für den Samen vor. Sobald du den Samen in die Erde gelegt hast, deckst du ihn zu. Dann gießt du die Erde, lässt die Sonne darauf scheinen und gibst dem Samen Zeit zu keimen.

Wenn du den Samen ständig ausgräbst, um ihn zu betrachten, wird er nicht wachsen. Du musst darauf vertrauen, dass die Natur sich um ihn kümmert – dass es ihm hilft zu wachsen, wenn du ihn gießt, und dass du eines Tages die erste Knospe sehen wirst.

Wenn du in deinem Leben einen Vorsatz fasst, pflanzt du einen Samen.

Du weißt vielleicht nicht genau, wie die Pflanze, die daraus wächst, aussehen, riechen und sich anfühlen wird. Aber weil du weißt, dass der Vorsatz für dich wichtig ist, wirst du Wege finden, damit sie wächst und gedeiht.

Vorsätze als Anker

Du kannst selbst bestimmen, wie du dich an jedem einzelnen Tag fühlen willst.

Vielleicht möchtest du an einem Tag mehr Energie haben, an einem anderen mehr Zeit für dich und am nächsten deinen Freunden oder deiner Familie nahe sein. Wenn du dir morgens deinen Vorsatz überlegst, ist das wie ein Anker, an dem du dich den ganzen Tag lang festhalten kannst.

Stell dir ein Schiff vor, das auf einer rauen See segelt. Der Anker hilft dem Schiff, an seinem Platz zu bleiben, auch wenn Wind und Wellen versuchen, es fortzubewegen. Dein Vorsatz ist wie dieser Anker. Wenn du ihn bewusst und zuversichtlich setzt, wird er dich davor bewahren, aufzugeben oder wegzutreiben, wenn es schwierig wird oder wenn du verunsichert bist. Er wird verhindern, dass du aufgibst oder wegschwimmst. Dieser Vorsatz ist dann tief in dir drin und erinnert dich daran, dass du die Kraft hast weiterzumachen!

Es ist ganz einfach, sich etwas vorzunehmen. Befolge einfach diese Schritte:

1. Überlege dir, wie du dich heute fühlen willst.
2. Sage zu dir selbst: »Mein Vorsatz ist: ______________________________ .«
3. Stell dir vor, dass dieser Vorsatz wie ein Samen ist, der in dir wächst. Vertraue einfach darauf, dass er heute ganz besonders für dich blühen wird.

Wenn du deinen Vorsatz mit anderen teilen möchtest, kannst du sie um Unterstützung bitten. Du könntest deiner Mutter, deinem Vater, deinen Geschwistern, Freunden, Betreuern oder Lehrern davon erzählen. Frage sie doch auch einmal, was sie selbst sich für heute vorgenommen haben, und biete ihnen an, sie dabei zu unterstützen. Wenn sie das aber lieber nicht möchten, ist das auch in Ordnung.

Du kannst deinen Vorsatz aufschreiben und das Papier in deiner Hosentasche aufbewahren, damit du jederzeit daran erinnert wirst. Oder du kannst ihn in deinem Tagebuch festhalten und beobachten, wie sich deine Vorsätze von Tag zu Tag ändern – oder auch nicht. Was wirklich Spaß machen kann: zu sehen, wie sich dein Vorsatz verwirklicht. Ist heute vielleicht etwas passiert – ein Zufall, etwas Magisches oder etwas Verrücktes –, das aber tatsächlich deinen Vorsatz unterstützt hat? Du wirst vielleicht erschrecken, wenn du merkst, wie Menschen und Situationen dich plötzlich an deinen Vorsatz zu erinnern scheinen, ohne dass du etwas damit zu tun hattest.

Wer bist du?

Wenn du weißt, wer du bist, hilft dir das, immer im Leben verankert zu sein.

Wer du wirklich bist, bleibt Jahr für Jahr gleich, während du wächst, neue Menschen kennenlernst und an neue Orte gehst. Wenn du weißt, wer du bist, und Selbstvertrauen hast, lässt du dich nicht so leicht von den Worten und Taten anderer Menschen beeinflussen.

Nimm dir ein Blatt Papier und notiere die Antworten auf folgende Fragen:

- *Wer bin ich?*
- *Wer bin ich für andere Menschen? (Zum Beispiel: die Tochter, der Bruder, eine Freundin)*
- *Wer bin ich in meinem Hobby? (Zum Beispiel: Hockeyspieler, Klavierspielerin, Tänzer)*
- *Wie sehe ich aus? (Zum Beispiel: mit Sommersprossen, ein Mädchen mit langen schwarzen Haaren, groß)*

- *Wie fühle ich mich innerlich? Welche Eigenschaften machen mich aus? (Zum Beispiel: positiv, hoffnungsvoll, gesprächig, schüchtern)*
- *Wie sehe ich mich selbst auf diesem Planeten? (Zum Beispiel: als Teil der Natur, als Kind Gottes, als Seele)*

Überlege, was dich wirklich ausmacht.

Vielleicht bist du dieses Jahr ein Fußballspieler, aber wenn du dich entscheidest, nicht mehr Fußball zu spielen, wirst du dann immer noch du selbst sein?

Wenn du dein langes schwarzes Haar viel kürzer schneidest, wirst du dann anders sein? Vielleicht wirst du dich anders fühlen, aber wirst du im Inneren immer noch du selbst sein?

Auch wenn du immer eine Tochter, ein Bruder oder ein Freund sein wirst, kann sich deine Rolle und die Art und Weise, wie du mit Menschen umgehst, ändern. Wirst du innerlich immer die- und derselbe bleiben?

Lass deinen Atem tiefer werden und fühle, wer du bist. Spüre diesen ruhigen Ort, an dem du mit deinem Atem verbunden bist, der immer bei dir sein wird, ganz gleich, wie sich deine Rolle, dein Aussehen oder die Dinge, die du tust, ändern. Wenn du auf diese Weise spüren kannst, wer du bist, kannst du in schwierigen Situationen, wenn du dich unsicher oder ausgeschlossen fühlst, einfach tief atmen und dich wieder verankern.

Was willst du?

Eigentlich eine ganz einfache und zugleich doch sehr schwierige Frage, die du dir stellen solltest, lautet: Was willst du? Wenn du alles auf der Welt haben oder tun könntest, was dich glücklich macht, was wäre das?

Zu wissen, was dich glücklich macht, ist der erste Schritt hin zur Verwirklichung. Vielleicht sind es materielle Dinge, wie ein neues Videospiel oder bestimmte Sneaker. Vielleicht möchtest du etwas erleben, wie einen Urlaub in einem weit entfernten Land, auf ein Konzert deiner Lieblingsband oder zu einem Fußballspiel gehen. Oder viele Freunde haben und deinen Geschwistern nahe sein. Vielleicht willst du Basketballspieler, Berufstänzerin oder Programmierer werden.

Wenn du gründlich darüber nachdenkst, was du willst, kannst du alles in wenige Worte fassen, zum Beispiel Glück, Freundschaft, Zugehörigkeit, Ideen und Sinn.

Überlege dir nun, was dich glücklich macht, und stell dir diese Fragen:

- *Welche materiellen Dinge machen mich glücklich?*
- *Welche Erfahrungen machen mich glücklich?*
- *Welche Menschen machen mich glücklich?*
- *Welche Ziele machen mich glücklich?*
- *Welche Werte machen mein Leben glücklich und erfüllt?*

Im Laufe deines Lebens wirst du vielleicht feststellen, dass sich deine materiellen Wünsche, Erfahrungen und das, was du werden willst, wenn du erwachsen bist, ändern. Die Werte aber, die du dir für dein Leben wünschst, bleiben in etwa gleich. Wenn du also beschließt, dass du glücklich sein willst, dann kannst du heute herausfinden, was dich glücklich machen wird. Wenn du ein Abenteuer willst, kannst du deine Eltern bitten, dich an einen unbekannten Ort mitzunehmen. Oder, wenn du die Nähe eines Freundes suchst, überlege, wie du ihn oder sie heute erreichen kannst.

Wie kannst du anderen helfen?

Meditation, Achtsamkeit und Atemübungen sind Dinge, für die du selbst sorgen kannst, um Ruhe und Kraft zu schöpfen. Sich um sich selbst zu kümmern ist wichtig für Gesundheit und Wohlbefinden. Selbstfürsorge ist nicht egoistisch, sondern klug und gesund.

Es ist wichtig zu wissen, was du dir für dein Leben wünschst, und es anzustreben. Wenn du dich selbstbewusst, erfüllt und stark fühlst, wirst du den Wunsch verspüren, auch anderen zu helfen.

Letztlich geht es bei Achtsamkeit und Meditation sowohl um dich selbst als auch um die anderen. Dein Leben wird noch erfüllter sein. Wenn du anderen hilfst, zum Beispiel, indem du jemanden zum Lächeln bringst oder ihm das Gefühl gibst, geliebt zu werden, hast du etwas Sinnvolles und Bedeutendes getan.

Jeder hat seine eigene Art, anderen zu helfen. Wenn du beim Helfen deine Stärken einsetzen kannst, wirst du wahrscheinlich das Gefühl haben, dass dein Leben einen Sinn hat, und das kann großartig sein!

Nimm dir ein Blatt Papier oder dein Tagebuch, schreibe Folgendes auf und vervollständige die Liste:

Wie kann ich helfen?

- *Mir selbst:* ____________________
- *Meiner Familie:* ____________________
- *Meinen Freunden:* ____________________
- *Meinen Lehrern:* ____________________
- *Meinem weiteren Umfeld:* ____________________

Du bist vielleicht nicht in der Lage, all diese Dinge selbst zu tun. Wenn du aber andere um Hilfe bittest oder mit ihnen zusammenarbeitest, wirst du feststellen, dass es sogar noch mehr Spaß und Sinn macht.

Nachdem du versucht hast, den oben genannten Menschen zu helfen, schreibe deine Gedanken und Überlegungen auf und denke daran, wenn du weitere Möglichkeiten findest zu helfen.

WOFÜR BIST DU DANKBAR?

Dankbarkeit bedeutet, für das dankbar zu sein, was du in deinem Leben hast. Wenn du darüber nachdenkst, wofür du dankbar bist, veränderst du deine Hirnströme tatsächlich so, dass du die Dinge in deinem Leben positiver siehst. Du wirst Entscheidungen anders treffen, um glücklicher zu sein und dich verbundener zu fühlen.

Wenn du dankbar bist, setzt dein Körper Stoffe frei, die dich glücklicher und ruhiger machen. Selbst in dunklen, traurigen und deprimierten Momenten kannst du dann wahrscheinlich etwas finden, wofür du dankbar bist. Das müssen nicht materielle Dinge sein. Es kann dein Atem sein, die Erde, die dich nährt, oder die Menschen in deinem Leben, die dich lieben.

Denke an eine Sache, für die du dankbar bist. Richte deine Aufmerksamkeit auf dein Herz und sage dir: »Ich bin dankbar für ______________________________ .«

Es folgt eine Übung, die du in der nächsten Woche ausprobieren kannst und die dir hilft, dankbarer zu werden und zu erkennen, was wirklich wichtig für dich ist.

Dauer: 5 Minuten
Ort: dein Bett

Denke jeden Abend vor dem Einschlafen an drei Dinge, für die du dankbar bist. Du kannst sie auch in einem Tagebuch festhalten oder sie mit deinen Eltern, deiner Schwester oder deinem Bruder teilen.
Wähle eine Woche lang jeden Tag drei Dinge aus. Vielleicht sind es immer dieselben, vielleicht ändern sie sich auch jeden Tag. Das spielt keine Rolle. Entscheide einfach am Abend, wofür du dankbar bist, und nimm dir etwas Zeit, um darüber nachzudenken.

Übe das eine Woche lang und beobachte, ob du dich anders fühlst. Vielleicht stellst du auch fest, dass du deine Dankbarkeit laut aussprechen oder mit anderen teilen möchtest – vielleicht willst du deiner Lehrerin für eine tolle Unterrichtsstunde danken oder deiner Mutter einen Zettel neben die Kaffeetasse legen, um dich für das Mittagessen zu bedanken.

Versuche in der zweiten Woche neue Dinge zu finden, für die du dankbar sein kannst. So kannst du langsam und sicher neue Dinge in deinem Leben entdecken, die dich glücklich und zufrieden machen.

WER SIND DEINE HELDEN?

Jeder hat bestimmte Menschen in seinem Leben, die er oder sie bewundert und vielleicht sogar als Helden betrachtet. Das können Menschen sein, die zu deinem täglichen Leben gehören, wie etwa deine Oma. Oder es kann jemand aus der Nachbarschaft sein, wie ein Polizist.

Es kann sich sogar um eine fiktive Person handeln, die dich inspiriert, wie Spider-Man oder eine Figur aus den Harry-Potter-Büchern. Oder es ist eine Person der Weltgeschichte wie Nelson Mandela oder Mutter Teresa. Vielleicht ist es auch eine Person aus deiner Glaubensgemeinschaft wie der Imam, der Priester oder Rabbiner oder eine spirituelle Person, die in der Öffentlichkeit steht, wie der Dalai Lama oder der Papst. Vielleicht ist es auch der Gott oder die Göttin, zu der du jeden Tag betest.

Wenn du deine Helden verehrst, erkennst du, dass du so sein willst wie sie. Du möchtest die guten, starken Eigenschaften haben, die sie zu dem machen, was sie sind, und die dich inspirieren. Nutze die folgende Meditation, um über deine Helden nachzudenken.

Dauer: 5 Minuten
Ort: überall

Lege ein Blatt Papier und einen Stift neben dich.
Setze dich bequem hin und atme tief ein. Ein und aus.
Denke an die Menschen – entweder reale oder fiktive – die du als deine Heldinnen und Helden ansiehst.
Schreibe ihre Namen auf.
Denke nun an die Eigenschaften, die diese Personen in die Welt bringen und die du bewunderst. Schreibe neben dem Namen auf, was sie tun oder welche Eigenschaften sie haben, die du schätzt.
Überlege dir schließlich, was du in der nächsten Woche in Bezug auf die Eigenschaft tun kannst, die du an deinem Helden oder deiner Heldin bewunderst.
Notiere dein Vorhaben, und wenn du es umgesetzt hast, schreibe es ebenfalls auf, damit du sehen kannst, dass auch du so sein kannst wie diese Person.

KREATIV SEIN

DEIN BESONDERER ORT

Einen besonderen Ort zu schaffen, der nur dir gehört, kann eine sehr wirkungsvolle Übung sein. Sobald du angefangen hast, Dinge zu sammeln, die dir etwas bedeuten, und sie an einem besonderen Ort aufstellst, wirst du feststellen, dass du hier Kraft tanken kannst und daran erinnert wirst, was dich glücklich macht.

Um einen besonderen Ort zu schaffen, gehe wie folgt vor:

1. Wähle einen Ort bei dir zu Hause aus, den du zu deinem eigenen machen kannst. Er kann in einer Ecke deines Zimmers sein oder sogar in einer Schublade oder in einem Regal. Es sollte ein Ort sein, von dem die anderen wissen, dass er dir gehört und dir wichtig ist.
2. Sammle Gegenstände, die dir wichtig sind, wie etwa:
   - Fotos
   - dein Kuscheltier, das du als Baby geliebt hast
   - ein Geschenk, das dir jemand gemacht hat
   - ein Reisesouvenir
   - ein Gedicht
   - eine Geburtstagskarte von Verwandten oder deiner besten Freundin
   - ein (religiöses) Symbol, das dir wichtig ist

3. Vielleicht stellst du fest, dass du zu viele Dinge hast oder sogar zu wenige. Am Anfang ist es besser, nur weniger Dinge auszuwählen. Du kannst den Ort mit Zeichnungen oder Stoffen dekorieren, die dir ein Gefühl von Frieden und Sicherheit vermitteln.
4. Wenn du fertig bist, setze dich vor deine Objekte und atme tief ein und aus. Spüre die Liebe, Verbundenheit und das Glück, das diese Dinge in dein Leben bringen. Während du einatmest, erinnere dich daran, dass sie genau diese Werte repräsentieren. (Auch wenn du die Gegenstände nicht direkt vor dir hast, kannst du dasselbe fühlen.)

Versuche deinen besonderen Ort einmal am Tag oder mindestens einmal in der Woche zu betrachten. Jedes Mal, wenn du ihn besuchst und die Dinge betrachtest, atmest du tief ein und du atmest die Liebe, Verbindung und das Glück ein, das du jedes Mal empfindest, wenn du diesen einen Ort besuchst, der nur dir gehört.

Im Laufe der Zeit kannst du deinem besonderen Ort immer wieder neue Dinge hinzufügen (oder sie wieder wegnehmen), während du als Mensch wächst und dich veränderst.

Her mit der Farbe!

Weißt du noch, wie es war, als du jünger warst und stundenlang in ein Malbuch vertieft warst? Du konntest wählen, welche Farben du zum Ausfüllen bestimmter Formen nimmst, und deine Farbwahl führte zu einem ganz besonderen Bild.

Ausmalen ist nicht nur etwas für kleine Kinder. Es kann sehr gut dabei helfen, zu entspannen, Lösungen für Probleme zu finden und kreativ zu sein. Beim Ausmalen bist du gleichzeitig konzentriert und flexibel. Du kannst innerhalb oder außerhalb der Linien malen; du kannst Farben wählen, die deinem Bild eine ganz eigene Note geben.

Hier sind ein paar Anregungen fürs Malen:

- Ein Mandala ist ein geometrisches, oft kreisförmiges Muster, das die Gedanken schweifen lässt, wenn du es ausmalst. Mandalas lassen sich in vielen alten Gemälden finden. Versuche, dein eigenes Mandala zu malen – sei mit den Mustern und Farben kreativ!
- Die Natur hat heilende Kräfte – frische Luft, Sonne, Wasser und die Erde erden uns. Denke an einen Ort in der Natur, an dem du dich frei und glücklich fühlst. Zeichne diesen Ort, der dir Frieden bringt. Bewahre die Zeichnung auf als Erinnerung daran, wie gut du dich fühlen kannst.

- Suche alte Malbücher heraus, die du vielleicht noch zu Hause hast. Wenn du darin leere Seiten findest, nimm dir einen Nachmittag Zeit und male einfach. Erinnere dich daran, wie ideenreich du dich als kleines Kind mit einer Schachtel Buntstifte gefühlt hast.

Gestalte dein Leben selbst

Manchmal fühlst du dich in deinen Beziehungen zu Freunden und Familie vielleicht allein, hilflos und verwirrt. Oder du hast das Gefühl, dass du dich in der Schule abmühst und einfach überhaupt keinen Spaß hast.

Das Leben kann schwierig sein. Menschen, die du liebst, können dich verletzen. Du fühlst dich vielleicht einsam. Aber jeder von uns muss früher oder später in seinem Leben hart kämpfen. Wenn du das im Hinterkopf behältst, kannst du das Leben, das du dir wünschst, selbst gestalten – und zwar durch die Art und Weise, wie du auf Situationen reagierst. So kannst du schwierige Zeiten besser durchstehen. Hier ein Beispiel: Ein Mitschüler hat dich geärgert. Es ist normal, dass du dich nun verletzt fühlst und vielleicht Angst davor hast, gemobbt zu werden. Vielleicht beunruhigt dich auch, was andere von dir denken könnten. Aber auch wenn du dich so fühlst, kannst du beschließen, etwas dagegen zu tun.

Du hast die Möglichkeit, deinen Eltern, einer Lehrkraft oder einem anderen Erwachsenen deines Vertrauens zu sagen, was los ist. Oder du kannst dich einem Freund oder einer Freundin anvertrauen und ihr entscheidet gemeinsam, den Kerl einfach zu fragen, was er gegen dich hat. Oder du beschließt, die Sache auf sich beruhen zu lassen – das Mobbing kann zwar weitergehen, aber du wirst versuchen, dich nicht mehr davon stören zu lassen.

Die Übungen in diesem Buch helfen dir dabei, Entscheidungen nicht mehr aus Angst zu treffen (wie bei der berühmten »Kampf-oder-Flucht-Reaktion«). Nach und nach fängst du an, Dinge zu tun, die gesünder und sicherer für dich sind. Wenn du in einer schwierigen Situation bist, atme tief durch, denke über verschiedene Perspektiven und Möglichkeiten nach und finde eine Lösung, die sich für dich sicher, ruhig und richtig anfühlt.

DIE MACHT DES VERSTANDES

Dein Verstand ist ein faszinierender Teil von dir. Er bestimmt, wie du die Welt siehst, wie du lernst, auf Situationen reagierst und mit anderen in Verbindung trittst. Durch gute Gewohnheiten und Übungen kannst du die Art, wie dein Verstand funktioniert, ändern. Du kannst sogar neue Erfahrungen machen, indem du sie dir einfach nur vorstellst!

Es folgt eine sehr einfache Übung, die dir helfen soll zu erkennen, wie allein schon der Gedanke an etwas eine Reaktion in deinem Körper hervorruft.

Dauer: 2 Minuten
Ort: überall

Schließe die Augen. Vielleicht siehst du nach einer Weile Bilder oder Farben. Entscheide in deinem Kopf, dass du es dunkel haben möchtest. Denke an die Farbe Blau. Kannst du dir Blau vorstellen?
Und jetzt denke an Rosa.
Haben sich die Farben in dir verändert, auch wenn du die Augen geschlossen hältst?
Achte darauf, wie du selbst steuern kannst, was in deinem Inneren geschieht.
Stell dir eine Rose vor. Kannst du sie sehen? Kannst du dir ihren Duft vorstellen?
Stell dir eine Zitrone vor. Kannst du das Gelb sehen? Kannst du dir vorstellen, wie es schmeckt, wenn du den Zitronensaft auf deine Zunge träufelst?
Stell dir einen Baum vor, den du jeden Tag siehst. Wie sieht er in den verschiedenen Jahreszeiten aus?

Wenn du Bilder in deinem Kopf erschaffen kannst, kannst du auch deine Gedanken, Handlungen und Gefühle wählen! Das zu wissen ist sehr hilfreich im täglichen Umgang mit deiner Familie, deinen Freunden und sogar mit Fremden.

IST DAS GLAS HALB VOLL ODER HALB LEER?

Du kannst dir selbst aussuchen, ob du die Welt positiv oder negativ siehst, und auch deinen Platz darin. Schau dir dieses Glas an.

Beschreibe, was du siehst. Ist das Glas halb voll oder ist es halb leer?

Viele Menschen verwenden dieses Beispiel, um zu beschreiben, wie sie die Welt sehen. Wenn du in einer unangenehmen Situation bist, findest du sie negativ (als Pessimist)? Oder siehst du eine Chance, etwas zu ändern und die Situation positiver zu gestalten (als Optimist)?

Für einen Pessimisten ist das Glas meistens halb leer. Wenn es ein Problem gibt, kann ein Pessimist nur jammern und denken, dass die Welt untergeht. Stell dir vor, du hast ein Geburtstagspicknick in deinem Lieblingspark geplant. Du hast Spiele und Leckereien organisiert, alle haben Zeit und es soll ein großer Spaß werden. Als der Tag aber kommt, regnet es! Ein Pessimist wäre verärgert und wütend, würde die Party absagen und denken, dass niemand jemals wieder mit ihm befreundet sein wird.

Für einen Optimisten ist das Glas hingegen meist halb voll. Wenn du ein Optimist bist, wirst du dich vielleicht auch zuerst über den verregneten Geburtstag ärgern. Aber dann würden dir andere Dinge einfallen, die ihr tun könnt. Deine Freunde könnten zu dir nach Hause kommen, ihr könntet dennoch Spiele spielen, und die Leckereien gäbe es ja trotzdem. Der Optimist sieht es vielleicht sogar positiv, dass sich seine Freunde drinnen besser und ungestörter unterhalten und sich besser kennenlernen können. Schau dir nun das Glas noch einmal an ...

Es gibt noch eine andere Möglichkeit, dieses Glas zu betrachten. Betrachte es dieses Mal als voll. Schließlich ist es halb voll mit Wasser und halb voll mit Luft. Stell dir vor, wie es wäre, wenn du deine Welt immer als voll betrachten würdest. Es wird Hochs und Tiefs geben, aber mit jeder Erfahrung lernt man etwas dazu und wächst daran. Ja, manchmal bist du superglücklich und manchmal bist du traurig und einsam. Aber so ist das Leben – schwierige Zeiten machen dich stärker und lassen die guten Zeiten noch besser werden. Es ist ein großes Vorhaben, klar, aber eins, das es wert ist, darüber nachzudenken!

Entscheide, wie du andere behandelst

Irgendwann ist jeder mal gemein zu jemandem. Manchmal ist es Absicht, manchmal ein Versehen oder du hast gar nicht gemerkt, dass du jemanden verletzt hast. Aber dann siehst du, dass jemand deswegen traurig und unglücklich ist.

Wenn wir gemein sind, wissen wir meist tief in uns drin, dass wir etwas falsch gemacht haben.

Wenn du absichtlich oder versehentlich gemein zu jemandem gewesen bist, gibt es mehrere Möglichkeiten:

- Du kannst so tun, als ob du nichts falsch gemacht hättest (auch wenn du weißt, dass das nicht stimmt).
- Du kannst der anderen Person die Schuld geben.
- Du kannst dich schuldig fühlen, aber schweigen, und hoffen, dass die andere Person vergisst, was du getan hast.
- Du kannst dich dazu entscheiden, die Verantwortung zu übernehmen und dich zu entschuldigen.

Du hast die Fähigkeit, dir die Art von Beziehungen zu schaffen, die du dir in deinem Leben wünschst. Das gilt auch, wenn du bisher als Kind, Freundin oder Schüler nicht so gut warst wie möglich.

Wenn du also jemanden verletzt hast, kannst du die Verantwortung übernehmen und sagen: »Es tut mir leid.« Du kannst auch jemand anderen, der sich verletzend verhält, darauf ansprechen. Und etwas Besonderes für jemanden tun, auch wenn er nicht weiß, dass du es getan hast.

Wenn du die Verantwortung für dein eigenes Handeln übernimmst, hast du das Gefühl, dass du dein Leben selbst in der Hand hast. Du verschwendest keine Zeit mit Schuldgefühlen oder dem Bedauern, etwas nicht getan zu haben. Du weißt in deinem Inneren, dass du die Dinge besser machen kannst. Selbst wenn die andere Person deine Entschuldigung nicht annimmt, weiß sie, dass du es versucht hast und es wiedergutmachen wolltest. Dann kannst du ohne Schuldgefühle weitermachen mit dem Vorsatz, in Zukunft netter zu sein.

STELL DIR VOR, WER DU SEIN KÖNNTEST

Als du jünger warst, hast du da jemals davon geträumt, alles tun zu können, was du willst? Zum Beispiel ein Astronaut sein, der in die entferntesten Galaxien fliegt und Planeten zum ersten Mal betritt.

- Oder ein Handballspieler, der das entscheidende Tor in der Weltmeisterschaft wirft.
- Oder die Herausgeberin eines erfolgreichen Modemagazins.
- Oder eine Ärztin, die das Leben von Kindern auf der ganzen Welt rettet.
- Oder Prinzessin eines magischen, köstlichen Landes aus Süßigkeiten.
- Oder ein Zauberer, der über ein Universum voller Drachen, Ritter und Schlösser herrscht.

Wenn du von Dingen träumst, erschafft deine Vorstellungskraft Farben, Empfindungen und Gefühle. Du bist aufgeregt, selbstbewusster und bereit, die Welt zu erobern!

Aber leider nehmen diese Träume ab, wenn man älter wird. Sie scheinen unerreichbar oder erfordern zu viel Arbeit, um sie zu verwirklichen. Manchmal sagen andere Menschen einem, dass der Traum albern ist oder dass man nie in der Lage sein wird, ihn umzusetzen.

Vielleicht hast du die Zuversicht verloren, die du einst hattest – die strahlenden Augen und das Gefühl, alles erreichen zu können. Wenn Menschen älter werden, verlieren sie manchmal das Gefühl für die Magie, an die sie einst so leicht geglaubt haben.

In der folgenden Übung lassen wir die Fantasie Oberhand gewinnen, wie damals, als wir kleine Kinder waren. Sei so magisch, lustig und verrückt, wie du sein willst.

Dauer: 10 Minuten
Ort: dort, wo du dich wohlfühlst

Mach diese Übung an einem Ort, an dem du dich wohlfühlst und an dem du dich bedenkenlos frei bewegen, spielen oder tanzen kannst. Vielleicht ist es dir lieber, wenn niemand in der Nähe ist, wenn du die Augen geschlossen hältst oder wenn du dir einfach Notizen machst. Tue das, was sich für dich am natürlichsten anfühlt.

Denke an etwas, das du in Zukunft gerne tun oder sein möchtest. Das kann ein Beruf oder eine Märchenfigur sein, die du kennst oder die du dir ausgedacht hast.

Stell dir zunächst vor, dass du dich selbst betrachtest, als würdest du in einem Film mitspielen.

Wie siehst du aus? Bist du älter oder genau so alt wie jetzt? Was trägst du? Welche Frisur hast du? Wie fühlst du dich körperlich?

Erfinde nun einen Ort als Schauplatz der Handlung. Wo befindest du dich? Drinnen oder draußen? Ist es ein vertrauter Ort oder ein Ort, an dem du noch nie gewesen bist? Lass keine Details aus!

In welcher Zeit findet das Ganze statt? In der Zukunft oder vielleicht in der Antike?

Wie warm oder kalt ist es draußen? Ist es sonnig oder dunkel?

Denk daran: Du kannst dir jede beliebige Situation ausdenken, du bist ganz frei.

Entscheide nun, was du dort tust. Das Schöne an dieser Übung ist, dass du alles tun kannst, was du willst.

Stell dir eine Szene vor wie in einem Film, in der du das tust, was du an diesem Ort tun willst. Es ist alles deine eigene Schöpfung.

Beobachte dich selbst, während du die Szene erschaffst. Was willst du tun, sobald du dort bist? Sei stolz auf das, was du tust, auf das, was du in dieser Szene bist.

Nimm dir ein paar Minuten Zeit und erfreue dich daran.

Wenn du die Szene nun fortsetzt, nimm eine kleine Änderung vor. Konzentriere dich auf das, was du fühlst.

Wenn du das tust, was du wirklich willst, fühlst du dich hoffentlich glücklich, zuversichtlich und vielleicht ruhig oder auch superaufgeregt. Was auch immer du jetzt fühlst, ist genau das Richtige für dich.

Atme tief ein und lass dieses Gefühl jeden Teil deines Körpers durchströmen. Lass

30

dieses Gefühl in dein Herz wandern. Spüre es in deinen Händen und Füßen, in deinem Gesicht und an deinem Scheitel.
Atme noch einmal ein und bereite dich vor, diesen Ort zu verlassen. Nimm dir so viel Zeit, wie du brauchst, in dem Wissen, dass du diesen Ort, dieses Gefühl immer mitnimmst. Wenn du älter wirst, wählst du vielleicht andere Träume, aber dein Ich, das sich in diesem Traum sicher fühlt, ist immer in dir, ganz gleich, was passiert.

Du hast diese Gefühle und Fähigkeiten in dir – das weißt du! Vorstellungskraft ist magisch, weil du in deinem Kopf alles erschaffen kannst, was du willst. Du kannst zu den Sternen fliegen, aus voller Kehle singen und jeden dazu einladen, den du willst. Mit deiner Vorstellungskraft kannst du dich stark, fähig und mächtig fühlen.

Du verdienst allen Frieden, Liebe und Freude in deinem Leben. Sei mutig in dem, was du willst, fühle dich wohl in den ruhigen, kreativen Momenten, lache und spiele und erschaffe magische Momente für dich und andere.

Und vergiss nicht: Atme dich glücklich!

SCHLUSSWORT

Meditations- und Achtsamkeitstechniken finden sich rund um den Globus und reichen Jahrtausende zurück. Alle Übungen in diesem Buch sind sehr bekannt, daher ist es schwierig, einen bestimmten Urheber zu nennen.

Dennoch möchte ich einige Lehrer nennen, die mich durch ihre Übungen, Bücher und Worte inspiriert haben.

Meine Eltern, Deepak und Rita Chopra, haben die Transzendentale Meditation zuerst von Maharishi Mahesh Yogi gelernt, und unsere Familie hat diese Technik viele Jahre lang praktiziert. Mein Vater, Dr. David Simon und Roger Gabriel haben später die Primordial Sound Meditation entwickelt, die heute im Chopra Center for Wellbeing gelehrt wird. Die kostenlosen 21-Tage-Meditationen, die vom Chopra Center und Oprah Winfrey angeboten werden, sind eine großartige Möglichkeit, Meditationstechniken kennenzulernen. Unter www.chopra.com könnt ihr mehr darüber erfahren.

Meine Eltern haben meinem Bruder und mir die meisten der in diesem Buch beschriebenen Achtsamkeitstechniken beigebracht, und jetzt lernen meine Kinder und ihre Freunde sie in der Schule und in ihrer Freizeit. Geschichten wie die von den weisen Männern und dem Elefanten wurden im Laufe der Jahrhunderte auf zahlreiche Arten erzählt. Viele dieser Techniken – wie in Bezug auf Freundlichkeit, achtsames Essen und achtsames Gehen – haben ihren Ursprung in der buddhistischen Tradition. Jon Kabat-Zinn, Dr. Daniel J. Siegel, Susan Kaiser Greenland, Thích Nhât Hạnh und Joan Halifax sind einige der Autoren, die mich zutiefst beeinflusst haben.

Techniken wie im Kapitel »Halte einen Moment inne« werden heute in Klassenzimmern und Organisationen verwendet, um Menschen zu helfen, achtsam mit stressigen Situationen umzugehen und besser zu kommunizieren. Ich schätze mich glücklich, von Dr. Lisa Miller, Linda Lantieri und anderen Professorinnen am Spirit Mind Body Institute, Teachers College der Columbia University gelernt zu haben. Sie sind großartige Beispiele für die erstaunlichen Lehrerinnen, die jeden Tag unermüdlich und im Stillen daran arbeiten, das Innenleben von Kindern, Lehrern und Eltern zu bereichern.

Als Kinder wurden mein Bruder und ich von unserem Vater angeleitet, über Vorsätze nachzudenken, über Werte, die wir in unserem Leben erfahren wollen. Vielleicht hat dir dieses Buch ja auch dabei geholfen!

LITERATUREMPFEHLUNGEN

Im Folgenden sind einige der Bücher über Gesundheit, Meditation und Achtsamkeit aufgeführt, die meine Töchter und ich gern gemeinsam gelesen haben.

Chopra, Deepak; Tracy, Kristina: *On My Way to a Happy Life.* Hay House (2021)

DiOrio, Rana: *What Does It Mean to Be Present?* Little Pickle Press (2010)

Dyer, Wayne: *I am. Why Two Little Words Mean So Much.* Hay House (2012)

Muth, John J.: *Zen shorts* und *The Tree questions.* Scholastic US (2002)

Natterson, Cara: *The Care and Keeping of You. The Body Book for Older Girls.* American Girl Publishing (2013)

Natterson, Cara: *Guy stuff. The Body Book for Boys.* American Girl Publishing

Snell, Eline: *Stillsitzen wie ein Frosch. Kinderleichte Meditation für Groß und Klein.* Goldmann (2013)

Thích Nhât Hạnh: *A Handful of Quiet. Happiness in Four Pebbles.* Plum Blossom Books (2017)

Die folgenden Bücher finde ich als Mutter sehr hilfreich, da wir in der Familie weiterhin täglich Ausgeglichenheit und Glück anstreben.

Chopra, Deepak: *The Seven Spiritual Laws for Parents.* Harmony (2006)

Kaiser Greenland, Susan: *The Mindful Child,* Atria Books (2010) und *Mindful Games,* Shambhala (2016)

Miller, Dr. Lisa: *Die spirituelle Intelligenz unserer Kinder. So fördern Sie das entscheidende Potenzial, das stark macht fürs Leben.* VAK (2016)

Siegel, Dr. Daniel J.: *Brainstorm: The Power and Purpose of the Teenage Brain.* Penguin Putnam (2013)

Siegel, Dr. Daniel J.: *Parenting from the Inside Out.* Tarcher (2013)

ÜBUNGSÜBERSICHT

DANK

Bevor ich begonnen habe, an diesem Buch zu schreiben, habe ich mich mit meinen Töchtern Tara (15) und Leela (12) und meinem Neffen Krishan (9) zusammengesetzt und sie nach ihren Ideen zu den Themen gefragt, die für sie interessant sind. Sie haben dieses Buch geprägt!

Ich möchte mich beim Team von Running Press bedanken, das die Idee zu diesem Buch hatte, und bei meiner Agentin Linda Loewenthal, die sein Erscheinen eingefädelt hat. Melissa Gaverette bin ich unendlich dankbar dafür, dass sie meine Tage tadellos managt, und Geeta Singh dafür, meine Karriere als Rednerin gestartet zu haben. Vielen Dank an Carolyn und Felicia und das Team des Chopra Center, die immer für mich da sind. Ich danke Kanika und Candice, die mir mit Rat und Tat zur Seite stehen, wenn es um Kinder, aber auch um das Leben geht. Allen meinen Freundinnen, die ebenfalls Mütter sind, danke ich ebenfalls sehr – ihr seid mein Dorf.

Meinen Eltern, die mir so viel, einschließlich der Meditation, mitgegeben haben, bin ich zutiefst dankbar.

Meinem Mann Sumant Mandal und unseren Töchtern Tara und Leela bin ich in grenzenloser Liebe verbunden. Ihr sorgt dafür, dass jeder Tag mit Inspiration, Freude und Sinn gefüllt ist.

ÜBER DIE AUTORIN

Mallika Chopra ist Psychologin, Mutter und Autorin mehrerer Kinderbücher, die sich mit dem Umgang mit Gefühlen, Selbstbewusstsein und Stressmanagement beschäftigen. Als Tochter von Deepak Chopra spielte Meditation schon immer eine große Rolle in ihrem Leben. Sie arbeitet als Meditationscoachin und gibt Seminare zu den Themen Achtsamkeit, Selbstwahrnehmung und mentales Wohlbefinden.